知的生きかた文庫

大量に覚えて、忘れない すごい記憶術

青木　健

三笠書房

はじめに

この記憶術は、楽しくて、一生役に立つ!

本書を手に取ってくださりありがとうございます。

みなさん、はじめまして、記憶力チャンピオンの青木健《あおきたける》です!

こんな仰々《ぎょうぎょう》しい自己紹介をすると「特別な才能があって、生まれつき記憶力が良いのではないか?」と思われるかもしれません。

しかし、**そんな私も記憶術と出合う前は、覚えることがあまり得意ではなく、中高生の時には、英単語や古文単語の暗記に苦労していた**、ごくごく普通の生徒でした。

覚えることが苦手なだけならいいのですが、それだけにとどまらず、大学受験では膨大な暗記量に苦しみ、押しつぶされて受験に失敗し、浪人して大学に入学しました。

そんな覚えることが苦手な自分を変えたいと思い、大学時代は記憶力を競う「メモリースポーツ」という競技を通して、記憶術を身につけることに全力で取り組みました。大学院では、記憶術を用いた英単語の記憶の研究をしていました。

記憶術について10年以上様々な側面から本気で取り組んだ結果わかったことは、記憶術には生まれつきの才能はほとんどなく、正しい方法で一定の練習をすれば、**年齢に関係なく誰でも記憶力が向上する**ということです。

近年の研究では、記憶力の良い人とあまり記憶力に自信がない人の脳の構造にはほとんど差はないことがわかっています。記憶力は生まれつきというよりは、環境要素や努力要素などのほうが大きいという説が有力なものになっているのです。

考えてみれば、小学校で足し算や九九は当たり前に学習しているのに、記憶術を学習している人はほとんどいません。多くの人は正しい覚え方について学んでいないのですから、ちゃんと覚えられないのは当然のことなのです。

本書では「どうせ覚えられないよ」とか「歳をとるにつれて記憶力が衰えている」といった、**多くの人が持つネガティブな先入観や苦手意識を解く**ことから始まります。

そして今日からすぐに生活の中に取り入れられる「タイマー勉強法」や「書き出し勉強法」などの記憶術や勉強法を紹介しています。騙《だま》されたと思って少しやってみると、「意外とできるかも！」と感じていただけると思います。

中盤からは、汎用性《はんようせい》の高く様々な記憶のベースとなる「奇想天外なお話を作って記憶するストーリー法」「自分の体と覚えたいものを結びつける体記憶法」「自宅や学校、職場など自分の生活の中に覚えるものを置いていく場所法」など、様々な記憶術を紹介していきます。**実際の生活の中で役立つ「人の顔と名前の記憶法」**や**「本を丸々1冊覚えてしまう教科書記憶法」**といった方法まで登場します。

「こんなにたくさんのものを覚えられるようになった！　すごい！　もっとチャレンジしてみたい！」と記憶力の成長や自分の変化を感じてもらえるはずです。

もし、途中で間違えてしまったとしても心配はいりません。2回、3回とやっていけば必ずできるようになります。忙しくて1冊通しで読めない方は、自分の読んでみたい箇所から読んだり、時間をかけて取り組んだりしていただいても構いません。

記憶力に自信がなかった人も、本書を読んで**「記憶術をやってみてよかった！」と思っていただけるような1冊**になっていると確信しています。

それでは、さっそく始めていきましょう！

「ニューロン、レディ……ゴー！（脳準備……始め！）」

（メモリースポーツの大会で記憶開始時に使われるフレーズです）

青木　健

大量に覚えて、忘れない！「すごい記憶術」の特徴

本書は、メモリースポーツの大会で優勝するための高度な技術を解説するものではありません。記憶術の「き」の字も知らない方から、資格試験の勉強に手こずっているビジネスパーソン、暗記科目に苦しんでいる学生、最近記憶力が落ちてきたと感じている方……などなど幅広い方々に、**記憶術の基礎から日常生活や学習などに応用できる高いレベルの内容までを、わかりやすく簡潔に紹介**します。

本書の構成は、今日から取り入れられる記憶に関するTipsに始まり、前半は基礎的な記憶術、後半はそれらを組み合わせた応用的な記憶術になっています。

各章内では、例題をもとに、脳の準備運動である脳トレや記憶術の基礎を理解していただいた上で、様々なレベルの練習問題を通して記憶術を身につけられるような内

容になっています。例題で内容をしっかり理解し実践することで、その効果を実感していただけると思います。

1章から7章までは、軽い脳の準備運動に始まり、基礎的な様々な記憶術の紹介と例題、練習問題。8章以降は、1~7章で紹介した記憶法を組み合わせて日常生活や学習の中での生かし方を紹介しています。

記憶術というと難しく感じてしまう方がいらっしゃると思いますが、ひとつずつ着実に理解し、実践していただければ誰でも身につけることができます。

ともに頑張っていきましょう!

記憶力が上がるとたくさんのメリットがある

いまの時代、わざわざ記憶力を高める必要はあるのでしょうか?

現代はテクノロジー技術が発達し、昔のように友人や実家の電話番号を覚える必要はありません。スマートフォンを使えば数百人の電話番号がわかり、どこかへ行くにも地図で道を調べなくても、地図アプリを使えば経路だってたどれてしまいます。

しかし記憶力を高めておくと、取引先の方の顔と名前を覚えたり、暗証番号やパスワードを覚えたりと、日常生活のちょっとした部分で大いに役立ちます。

また試験勉強などで短時間で大量に記憶できるようになり、しかも毎回余裕を持って合格できたり、高得点を取ることができたりと、かなり得をします。

記憶力が上がると、たくさんのメリットが得られることは間違いありません。

大量のものを正確に早く記憶できるようになる

マジカルナンバー7という言葉を聞いたことがある方は多いと思います。

人は7桁くらいの数字までしか覚えることができないという有名な説です。私も記憶術と出合う前までは7桁程度しか数字を記憶することはできませんでした。

しかし正しい方法を学び、トレーニングを行った今では、**1分間で100桁ほどの数字を記憶することができる**ようになりました。

100桁の数字と言われてもなかなかピンとこない方も多いと思いますので、次のページに記載しておきます。

これが「100桁の数字」！

0	6	0	7	7	4	0	1	7	8
4	3	5	4	5	5	8	0	6	0
6	4	1	3	0	5	5	8	1	7
9	9	7	0	9	9	9	3	8	4
0	5	3	8	9	3	3	5	0	5
2	8	1	3	3	1	4	5	5	7
4	9	7	8	0	9	3	2	4	1
7	5	3	6	7	5	3	4	3	3
7	3	8	8	4	7	9	8	9	6
6	9	9	1	6	7	1	1	6	7

いかがでしょうか？　「見るだけで嫌になる！」「本当にこんなにたくさんの数字を覚えられるの？」と思った方もいらっしゃると思います。

100桁の数字を記憶することができるようになるには、かなりのトレーニングが必要であることは間違いありませんが、誰もが正しい方法でトレーニングを行えば確実に今よりは記憶できるようになります（詳しい記憶方法は5章で紹介します）。

これだけ**大量の数字を覚えることが可能**になるため、勉強などにも応用することができます。詳細は9章の教科書記憶法でご紹介しますが、**暗記要素の強い社会や理科などはもちろん、資格試験などにも大きく役立ちます**。

覚えること自体が楽しくなる

暗記という言葉を聞くと「しんどい」「どうせ覚えられない」などネガティブなイメージを持っている方が非常に多くいます。

私も中高生の時に英語の授業で終わり際に「次の授業の前に小テストを行うので、

教科書の英単語を覚えてきてください」という宿題が出るたびに、家に帰って嫌々苦しみながら記憶していました。そして小テストで思ったような点数が取れず、次の小テストの勉強をすることが嫌になり、覚えることが嫌いになるという負のスパイラルに陥っていました。

しかし、記憶力が高まるといろいろなものを覚えることができるようになるため、「今回はどうやって覚えてみようか？」「どのくらいの時間で覚えられるか挑戦してみたい」と自然に思うようになります。

実際に私が経営するスクールに通っている中学生の男の子は「**苦労していた歴史や英語の小テストで毎回満点**が取れるようになりました。今度は歴史の教科書の内容を覚えてみます」と言ってすごく前向きな姿勢になりました。

また小学生の女の子は「令和になったタイミングで過去の日本の元号を順番通り覚えられるか挑戦してみたら、3時間かかったけど漢字まで全部順番通り覚えることができて嬉しかった」と教えてくれました。

覚えることが楽しくなると、生かせる場面は学校の勉強や資格試験にとどまらず、記憶力を競うメモリースポーツにハマる人もたくさんいます。

インプットする力が上がり、興味が広がる

記憶力が高まると、より多くのものをインプットできるようになります。言葉や知識を大量に暗記することが絶対的に正しいわけではありませんが、たくさんのものを覚えられるようになると、生活の身近なところに自分が知っているものと出合う確率が高まります。すでに知っていることもその内容を深めるチャンスになります。

私が運営するスクールでは毎月、様々なテーマで記憶するトレーニングをしています。

ある月に西洋絵画の記憶を行うと、小学生の女の子は初めて見たゴッホの『夜のカフェテラス』の絵を気に入り、ゴッホについて時代背景や「どのような人物だったのか」「他にはどんな絵を描いているのか」など自分なりに調べてきました。冬休みに

はゴッホ展に両親に連れて行ってもらったと喜んでいました。

ゴッホはポスト印象派を代表する作家ですが、学校で習うのは高校の世界史です。西洋絵画を記憶してみるということをしなければ、ゴッホの絵に出合えず、自発的に調べて覚えてみるということもなかったでしょう。高校生になって教科書に出てきたから覚えるという義務的なものになっていた可能性もあります。

覚えることはただ単純に**知識を増やすだけでなく、興味を広げる**可能性を含んでいます。

アウトプットする力が上がり、発想力が高まる

前項の内容に通じる話ですが、まずインプットができないと、自分の中にないものをアウトプットすることができません。

記憶力が高まるとたくさんのものをインプットできるようになるため、アウトプットしやすくなります。そして、様々な**アイディアも生まれやすくなります**。

ビジネスパーソンの方は新しいビジネスプランや提案を考える場面もあるのではな

いでしょうか。プレゼンテーションで、どのように提案したら相手に伝わるのかなど悩むこともあると思います。そのような場面に様々な発想が生まれやすくなります。

詳しくは7章で紹介しますが、私も記憶術を始めてから覚える能力を高められるだけでなく、「どうやったら自分の名前を覚えてもらえるのか?」という反対の発想も生まれ、今では自己紹介をすると相手に一発で覚えてもらえるようになりました。これも発想力が高まって得られた効果のひとつだと感じています。

何歳からでも、誰にでも、すぐできる!

100桁の数字を記憶できると言うと「何の才能もない私にできるのかな?」と思われる方もいらっしゃると思いますが、記憶術はテクニックです。数字の記憶法については5章で詳しく紹介しますが、**テクニックなので練習すれば年齢や性別に関係なく誰でも確実にできるようになります**。

このあと、3章でストーリー法、4章で場所法という記憶法を順番に紹介していきます。もしかしたら、少しせっかちな方はストーリー法や場所法ではなく、早く日常生活や試験に使えるような方法を教えてほしいと思う方もいらっしゃると思います。

しかし、日常生活や試験で覚えようとするものは複雑で覚えにくい形をしています。たとえば歴史の年号を覚えようとする場合、年号の数字と出来事の両方を覚えなくてはなりません。歴史の年号を覚えるにも数字記憶法とイメージ化、ストーリー法など複数の記憶術を組み合わせて覚える必要があるのです。歴史的背景の知識もあるとより記憶に残りやすくなります。

それ以外にも基本となるテクニックがいくつかあり、それを自分で選択し組み合わせて使えるようになると、グッと使える幅が広がります。紹介すればまだまだたくさんの記憶術がありますが、本書では汎用性《はんようせい》の高い記憶術に絞って紹介していきます。

CONTENTS

2章 まずは脳トレで「脳の準備運動」をしてみよう

3章 自由に想像すれば記憶できる!?「ストーリー法」

4章 記憶力世界チャンピオンも実践する「最強の記憶術」

5章 日常の様々な場面で役立つ「数字記憶法」

8章 記憶術を日常生活に生かしてみよう

9章

使いこなせれば反則級!?「教科書記憶法」

おまけ

おすすめの記憶力アップ法「トランプ記憶」

1章

知っているだけで記憶力が良くなる10のコツ

Tips1

人はそもそも「忘れる生き物」。才能は関係ない

「テレビを見ていて顔はわかるけど名前が出てこない」

「英単語を一生懸命覚えたのに試験でうまく思い出せなかった」

そして自分の記憶力に失望する――。

そんな経験は誰でも一度はあると思います。

今回はみなさんの記憶力を上げる上での第一歩として、「**人間は忘れる生き物**」であるという衝撃的な事実を受け入れてください。

「記憶力を良くしたい」と思ってこの本を手に取ったのに、いきなり何を言い出すのかと思ったかもしれません。

そもそも人間はなぜ忘れるのでしょうか?

それには様々な理由が考えられていますが、1つの説として定着しているものが、

忘れるということは防衛本能であるということです。

大切な人が亡くなった時の言葉にできないほどの悲しい気持ち、誰かに対して感じた激しい怒りなど、その当時のまますべてを抱えていたら、あらゆる感情に支配されてしまって心も体も破綻してしまいます。自分を守るために忘れるという力が人間には備わっているのです。

命に関わるような衝撃的な体験はトラウマとして残ってしまうことがありますが、みなさんが普段覚えるような英単語などは生死に関わるようなものではないですし、1回で記憶できるということはほとんどあり得ないのです。

みなさんも一度は、テレビでものすごい記憶力を披露している記憶力チャンピオンを見たことがあるのではないでしょうか？　彼らは記憶力を競う競技メモリースポーツの選手です。

その世界チャンピオンは**たった5分で500桁以上の数字を記憶**してしまいます。その姿を見て「超人だ！（自分とは違う特別な才能を持った人間だ）」と思う人も多いのではないでしょうか。

しかし、そんな短い時間で大量のものを記憶できるチャンピオンでも復習をしなければ、1週間後にはすっかり忘れてしまいます。

世界では遺伝や記憶に関する研究はたくさん行われており、身長や指紋、音楽、運動能力などは遺伝要素が強いと言われています。記憶力に関しては遺伝的な要素は勤勉性や喫煙するかどうかなどと同程度で、家庭や普段の自分の所属する環境的な要素が強いと言われています。

みなさんも「親が不真面目だから自分も遺伝的に不真面目なんだ」「親がタバコを吸うから生まれつき自分も吸う傾向にあるんだ」という話はあまり聞いたことがないと思います。

まったくフラットではないにしても、**記憶力は環境的な要素が強く、努力でカバーできる**と思えるのではないでしょうか？

記憶力のチャンピオンでも忘れるし、人間はそもそも忘れる生き物なんだと少しでも思うことができたら、あなたの記憶力に対する壁を1つ取り除くことができたと思ってよいでしょう。

Tips2 記憶力を高める「3つの公式」を知ろう

記憶力を高める上で知っておくと非常に役に立つ公式が3つあります。

3つをすべて覚える必要はありませんが、何かを覚える時に下記の**3つの公式に注意して取り組めると大幅に記憶する効率が上がります**。

1、記憶＝インプット＋アウトプット

記憶を分解すると、自分の知らない情報を体の中に入れるインプット（覚えること）と、一度体の中に入れた情報を外に出すアウトプット（思い出すこと）に分けることができます。

学校で授業を聞くことや本を読むことはインプットにあたります。反対にテストを受けたり、人前で話をしたりすることはアウトプットにあたります。

今自分のやっている行為はインプットなのか、アウトプットなのかを意識することでその行為が今行うべき行為なのかどうか判断できることがあります。

試験はアウトプットを求められる場面であるのにもかかわらず、**試験直前に教科書を読む、英単語帳を見る**という行為をしがちです。**じつはその行為はインプット**であるため、適切な行為ではない可能性が高そうです。

2、インプット：アウトプット＝1：3

「記憶＝インプット＋アウトプット」という話をしましたが、インプットとアウトプットを闇雲に行っても記憶の効果は限定的です。

「**インプットの3倍アウトプットをする**」という意識を持つとよいでしょう。

「1回インプットをしたら、3回アウトプットをする」「例題1問に対して3問類題を解く」「インプットの3倍はアウトプットの時間を取る」という考え方でもよいでしょう。

なんとなく勉強をしようとすると、多くの人は教科書を読んだり、授業の動画を見たりというインプットをしがちです。インプットは知らない知識やあやふやな知識を確認する程度で、基本的には「アウトプット中心の勉強をする」という意識を持つことができるとよいでしょう。

3、記憶＝1回あたりの記憶の質×復習回数

当たり前ですが、同じ英単語を覚える時に「テレビを見ながら注意散漫な状態で記憶する」のと、「静かな環境で目の前の英単語に全力で集中して覚える」のでは、どちらがよりよく覚えられるでしょうか？

言うまでもなく後者だと思います。

記憶というのは、1回の**記憶の質が高いとより深く長く記憶できる**傾向にあります。

反対に、適当に覚えてしまうと、何度復習しても全然覚えられないという状態になってしまいます。

何かを覚える時は、目の前の覚える課題に注力するようにしましょう。

Tips3

覚えたら忘れない「復習法」とは？

Tips1でも紹介しましたが、人は誰でも復習をしなければ忘れてしまうものです。これは「インプット（覚える）：アウトプット（復習）＝1：3」の方程式にも当てはまります。

どのような知識であっても、記憶を強化するには、最低3回は復習をするようにしましょう（もちろん4回以上できる場合は積極的にやりましょう）。

復習と言っても、ただなんとなく3回復習すればいいわけではありません。復習にはタイミングがとても重要です。**復習するタイミングは必ず「インプットした翌日、3日後、1週間後」**を強く意識しましょう。

人は「覚えた内容の7、8割近くを翌日に忘れてしまう」という研究結果があります。そのため、翌日の復習はとても重要なのです。

3日後の復習には、2つの意味があります。

1つは、2日前にできた（覚えられた）ものがどのくらい記憶に定着しているのかの確認。もう1つは、2回連続（インプットした当日と翌日の復習時）で間違えたものがちゃんと定着できているかの確認です。

最後に「仕上げ」として1週間後に復習をしましょう。この段階ではかなり覚えていると思いますが、なかには忘れてしまうものもあります。

3回復習しても、覚えられていないものは、本番の試験で出題された時に、間違えてしまう可能性が高いと言えます。資格試験などに挑戦しようとする人は、想像しただけで恐ろしくなるのではないでしょうか。

また、**自分が間違えやすい問題は、他の人も間違える可能性が高く、実際に試験で出題される可能性も高い**ということです。危機感を持って覚え直すようにしましょう。できれば4回以上、粘り強く復習をして覚えるようにしてください。

必須ではありませんが、1年以上などかなり長期的に記憶を残したい場合は、一度覚えたものでも1カ月に一度程度復習することも有効です。

Tips4

「記憶5分→解答5分→復習10分」を1セットにする

効率のいいインプット法とアウトプット法は複数ありますが、本書では特に誰でもすぐに取り入れやすく、かつ効果の大きい方法を1つずつ紹介します。

このTips 4では究極のインプット法である「タイマー勉強法」を、次のTips 5では究極のアウトプット法である「書き出し勉強法」を紹介します。

たとえば、資格試験の勉強をする際に、試験で出題されそうな用語には、マーカーや鉛筆でチェックをつけると思います。その際のコツは、文章ではなく「用語」単位で抜き出すことです。その「用語」を記憶していくことが試験で高得点を取るために重要です。

とはいえ、覚えなければならない用語の数が大量にあると、苦労する人が多いと思います。そんな時におすすめの方法が、「タイマー勉強法」です。**1セット20分（記憶5分↓解答5分↓復習10分）**のインターバルトレーニングのようにして記憶していきます。覚える分量が多い場合は、複数セットを行うようにしましょう。1時間も2時間もかけてダラダラと行うと集中力が続かず非効率なので、注意が必要です。

その分野についてどのくらい知っているのか、覚える用語の抽象度や難易度などにもよりますが、記憶時間は5分で5つ程度から始めましょう。慣れたら5分で7個↓10個↓15個などと徐々に覚える数を増やしましょう。

ポイントは、**タイマーを使って時間を徹底的に管理**することです。とにかくスピーディーに覚えることが重要です。最初はキツイですし、精度も低いと思いますが、やっているうちに大量に正確に速くインプットできるようになります。

解答時間の5分で、今インプットした用語を書き出します。この時に重要なのが、その用語だけでなく、その用語の意味や説明を文章として書き出すことです。歴史の用語なら前後の流れ、英単語なら例文や類義語や対義語などです。教科書をしっかりと理解しインプットできていれば、ある程度スムーズに出てくるはずです。

解答時間もたった5分しかないので、できる限りスピーディーにやるようにしましょう。試験中に時間をかけて思い出す余裕はないので、あえて時間を厳しめに設定しています。

5分経ったら、解答に時間がかかったところを復習していきます。解答できなかった箇所があれば、この復習時間に確認をするのでも構いません。復習はおおよそ10分もあれば終わると思います。

この20分を「1セット」として、何回も繰り返していきます。

1セットやるだけでも、全力で記憶し、全力で解答し、全力で復習をするので相当疲れます。**連続して行うのは、3セットが限度**だと思います。

1日の中で朝、昼、夜などと分けて行うと集中力が続くのでおすすめです。

「朝やったことを夜もう一度やる」など、できなかった内容を再チャレンジするといい復習になります。ぜひ試してみてください。

Tips5

記憶の定着度がわかる「書き出し勉強法」

書き出し勉強法とは、何かをテーマに自分の知っている知識を徹底的に思い出して書き出す勉強方法です。

「思い出す」「書き出す」という行為はまさにアウトプット。そして、「書き出す」ことは試験で求められる行為でもあるため、いい予行練習になるのです。

この勉強法は基本的にはある程度インプットした状態（その分野について勉強したり理解できている状態）で、**今自分がその分野についてどのくらい詳しいのか**確認したりする時に非常に有効です。

Step1　テーマを1つ決める

試験範囲の単元やテーマなど何か1つ決めましょう。たとえば、中学の歴史で学習する「大正時代」をテーマに設定したとします。

Step2 テーマに関する用語を思い出す

テーマに関する用語を思い出してみましょう。文章ではなく試験で問われそうだったり、教科書や参考書で太字になったりするような用語やキーワード単位で思い出せるといいでしょう。

「大正時代」の場合は、「大正デモクラシー」「第一次世界大戦」「シベリア出兵」などを書き出せるといいでしょう。

1つの用語を思い出すと、それに関連する用語や人名などを思い出せることがあるかもしれません。細かい内容はわからなくてもいいので、わかるものをとりあえず気軽に書いてみることが重要です。

テーマに関する用語をすべて出しきったと思ったら、Ｓｔｅｐ３に進みます。

Step3 Step2で書き出した用語の説明を書いていく

Ｓｔｅｐ２で書き出した用語について、説明する文章を書いていきます。

用語は思い出せてもどんな内容だったかうまく説明ができなかったり、用語だけは頭に入っていてもしっかりと理解していなかったりする場合があります。無意識に自分でもわかったふりをしてしまっていることがあるのです。

もしうまく説明文を書くことができない場合は、教科書や参考書などで調べてしっかりと理解して自分の言葉で説明を書けるようにしましょう。

調べているうちにStep2で書くべき用語が抜けていたことに気づくこともあるでしょう。その場合、この段階でいいので、用語を追記して説明を書いてみましょう。

この方法は一度インプットしたものやテスト直前にやってみることで**自分の弱点を発見することにつながる**ので、非常におすすめです。

Tips6

細切れの時間を有効に使う「隙間時間勉強法」

普段生活をするなかで、ちょっとした「隙間時間」があると思います。

たとえば、通勤電車の中、レストランで注文して料理が来るまでの時間、お風呂に入っている時や布団に入って睡眠に入るまでの時間など、みなさんも心当たりがあるのではないでしょうか。

人にもよりますが、**1日1時間から1時間半は隙間時間がある**と言われています。

たとえば、「電車の中でスマホを使えるのであれば、メモ機能を使って次の駅に着くまでの数分間覚えたものを徹底的にアウトプットしてみる」「電気を消して布団に入って眠りにつくまでの間、今日覚えたものを思い出してみる」といった感じで取り組んでみましょう。

途中で終わってしまったり、うまく思い出せなかったりしても構いません。

布団の中やお風呂の中ですぐに答えを確認することは難しいので、そのような場合は、後でやったり翌朝確認したりするというので問題ありません。

アウトプットはインプットよりも時間がかかるので、隙間時間が数十秒程度の短い時間しかない場合は、知らない「英単語を1つ覚えてみる」などインプットを中心にやってみると効果的です。

ちなみに、人間の記憶は寝ている間に脳の中で整理され、長期記憶化されると言われています。特に寝る直前の記憶は1日の中でも新しい記憶なので、定着しやすいという説もあります。積極的に取り入れてみましょう。

4章で紹介する「体記憶法」や「場所法」は、お風呂の中や布団の中で目を閉じた状態など何もない状態でもアウトプットすることができる方法です。隙間時間勉強法と非常に相性がいいので、うまく組み合わせてみてください。

1日ではわずかな時間でも、**1カ月続ければ30時間は取れる**計算になります。

参考までに、簿記3級はおおよそ50時間程度で合格できると言われています。この隙間時間勉強法を取り入れるだけで、みなさんが目標としている試験などの合格がグッと近づくかもしれません。

Tips7

帰宅して「最初に座る場所」で人生が変わる

想像してみてください。

家に帰って最初に座るのはどこでしょうか？

おそらく多くの方が、テレビの前のソファーだったり、ベッドの上に横になったりしていませんか？　そして気がついたら、1時間くらいダラダラとスマホを見ていたり、テレビを見ていたりするのではないでしょうか？

このように過ごしていては、あっという間に時間が過ぎてしまいます。それにリラックスし過ぎてしまい、勉強のやる気が起きないという状態になりがちです。

それを防ぐために、家に帰ったら**3分間でいいので、すぐに勉強机に座って、タイマーで時間を測りながら暗記物をやる**ことをおすすめします。インプットでもアウトプットでもどちらでも構いません。

3分であれば疲れていてもやってみようという気になるだけでなく、部屋着に着替える前に取り組めるのでおすすめです。

3分の暗記物が終わったら、部屋着に着替えたり、ご飯を食べたり、少し休憩したりしてもいいでしょう。特に試験を直近に控えていて勉強時間を取らなくてはいけない場合は、勉強とそれ以外のことが交互になるようにスケジュールを組みましょう。

家に帰って最初に暗記をすると、勉強が先攻することになるので、効率的に勉強ができるようになります。

もし家に帰ってやる気が出なくなってしまう人は、ぜひ一度取り組んでみてください。

以下のスケジュールは私がＴＯＥＩＣを受けた直前のスケジュール例です。

帰宅→3分英単語暗記→着替える→30分長文読解→お風呂を沸かす→20分文法問題→入浴……

Tips8
やる気が出ない時は「1分間だけ続けてみる」

どうしてもやる気が出ない時におすすめの方法が「**5秒&1分ルール**」です。5秒以内に椅子に座り、1分間だけ勉強や暗記に取り組むというものです。ルールはとてもシンプルでたった2つのことを実践するだけです。

1つ目は、「**必ず5秒以内に始める**」ことです。声に出して「5・4・3……」と数えていくといいでしょう。

図書館や自習室など周囲に人がいる場合、心の中で数えるのでも構いません。

2つ目は、5秒数えて椅子に座ったら、「**最低1分間は我慢してやる**」ことです。1分やってみてどうしてもしんどい時は、やめてしまって構いません。もし続けられるのであれば、そのまま続行してしまいましょう。

勉強内容は、すぐに始めて、すぐに止めることができ、達成感を感じることのできる1問1答式の英単語や計算問題などがおすすめです。多少時間がかかるものであっても、やらなくてはいけない課題などがある場合は、それでも構いません。

あまり考えすぎずに、パッと思いついたものにチャレンジしてみましょう。

いざやってみると、時間を忘れるほど集中していて気づいたら30分くらい経ってしまったということも珍しくありません。私個人の体感では、1分でやめてしまうことは、せいぜい10回に1回程度です。

何かを始める時は、はじめの一歩目が大変です。

人間は元来言い訳の天才。「疲れているから」とか「後でやる時間あるし」だとかいろいろと理由をつけたくなるものです。その感情を切り離して、とにかくやってみることが重要なのです。

1回あたりはたった数分の差でも、積み重なると大きな差になることは間違いありません。本当にしんどい時は、騙されたと思ってぜひ「5秒&1分ルール」を取り入れてみてください。

Tips9 「15分の仮眠」で脳をリフレッシュ！

勉強をしていると強烈な眠気に襲われ、ウトウトして何度も同じ文章を読んでいた。あとでノートを見直したら、書いてある文字が解読不能だった。車で高速道路を走行中に、ものすごく眠くなってしまった……。

このような経験が誰にでも一度はあるでしょう。

前日に睡眠不足であったり、疲労が蓄積していたりすると、日中眠くなりがちです。特に、昼食後の午後2時ごろから4時ごろが眠気を感じるピークの時間帯です。

眠気に襲われたら、無理はせず、**15〜30分程度の短い仮眠（パワーナップ）**をとるとよいでしょう。ちなみに、パワー（Power）は「力・体力」、ナップ（Nap）は「昼寝・うたた寝」を意味する英語による造語です。

「寝る」というと、真面目な人ほど罪悪感を感じてしまうかもしれません。しかし、パワーナップを取り入れたことで**記憶力や認知力などが向上し、仕事や勉強の能率が大幅に向上した**という研究結果もあります。

さらにコーヒーなどカフェインを多く含むものを摂取した後に15~30分の睡眠を行うと、その後カフェインの覚醒効果も相まって、眠くなりにくくなるという実験結果もあります。

無理にコーヒーなどを飲む必要はありませんが、パワーナップを「脳力を発揮するために必要な行動だ」とポジティブに捉えて積極的に取り入れてみてください。

実際に私の経営する会社では、強い眠気を感じたら、パワーナップを自由に取っていいというルールにしています。

ただし、1点だけ注意点があります。30分以上の睡眠を取ると、深い睡眠に入ってしまい、起きた時に体がだるくなってしまったり、夜に眠れなくなったりする場合があります。パワーナップは30分以内を目安にしてください。

起きられる自信がない方は、タイマーをかけたり、誰かに起こしてもらったりするといいでしょう。

Tips10

「記憶のための場所」を作ると記憶力が上がる

みなさんは普段どこで勉強をしていますか？

広い家に住んでいる人や家族と一緒に住んでいる人は、自分の部屋の勉強机やダイニングテーブルで勉強をしているかもしれません。書斎がある人は書斎で勉強をしているでしょう。

1人暮らしでワンルームに住んでいる人は、食事も勉強もパソコンでネットサーフィンをするのも、同じ机の上でしているかもしれませんね。

コロナ禍以降、在宅勤務やリモート授業などが当たり前になり、家だと集中できないという人もいるのではないでしょうか？

普段、勉強をしたり、食事をしたりする場所を意識している人は、意外に少ないかもしれません。

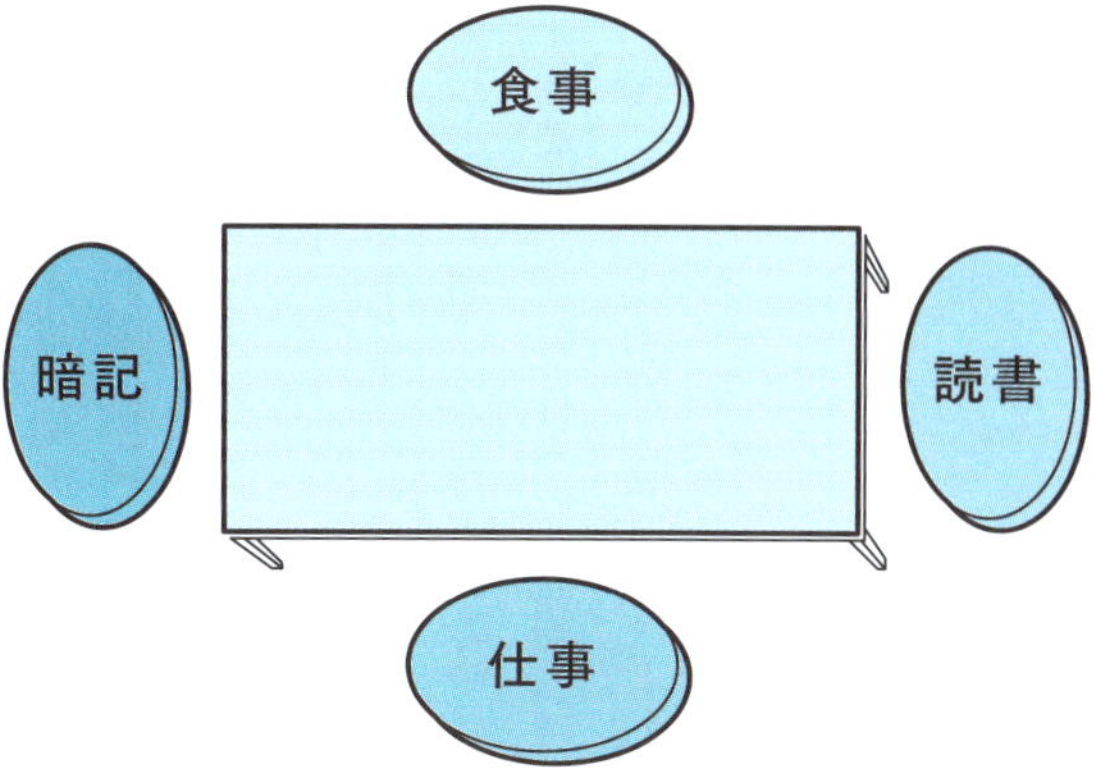

記憶術で最も効果の大きい「場所法」というものがあります（4章で詳しく解説）が、日常生活の中でも人間の場所の感覚というものは非常に重要になります。

他にも家のベッドだと当たり前に眠ることができるのに、ホテルなどの他の場所ではあまりよく眠れなかったという経験がある人もいるでしょう。学校や塾での模擬試験はうまくできるのに、はじめて訪れた試験会場では力を発揮できなかったという苦い経験がある人もいるでしょう。

これは人間の脳が無意識的に「この場所は◯◯をする場所である」という場所自体に役割を振っていて、その環境に慣れるようになっているからと言われています。

このような人間の特性を踏まえると、特に集中力が必要とされる記憶の場合、記憶術を行うためだけの場所をつくると効果的です。

場所を設定することで、「脳を暗記モードにしてあげる」のです。

暗記のために場所を用意するほど家が広くないという方は、同じ机でも座る位置を少し変えて座ってみると、見える風景やいつもと違う位置感覚になるので、それが脳を切り替えるトリガーになります。

前ページの図はワンルームの中に食卓が1つあり、その机の周りで「食事」以外に集中する「暗記」「仕事」「読書」４つの場所を設定しています。あくまで一例ではあるので、必ずしも4方向すべてに役割を振る必要はありませんが、集中する環境を作りたい人にはおすすめの方法です。ぜひ取り入れてみてください。

2
章

まずは脳トレで「脳の準備運動」をしてみよう

脳トレが記憶力アップに効果的な理由

みなさんも脳トレという言葉を一度は聞いたことがあるのではないでしょうか？

脳トレというと、バラバラに並んだ単語を記憶したり、音読をしたり、比較的簡単な計算問題を解いたりするようなものまで様々です。

脳トレに関する研究は世界中でたくさん行われています。現在の主流の考え方の1つは、スタンフォード大学やアバディーン大学の研究チームなどが発表した次のものになります。

「脳トレの内容と近いものや同じものであればトレーニングの効果は大きいが、関係のないものに対してはあまり効果がない」

もう少しわかりやすく説明しましょう。たとえば、百マス計算や数独などに取り組んだ場合、買い物の時の計算などには効果が大きいですが、人の顔と名前を覚えるといったことに関しては、ほとんど効果が認められないということです。

本書では目的別にいくつか脳トレを紹介したいと思います。脳トレは**本格的な記憶術を始める前の「脳の準備運動」としても効果が大きい**です。

営業職の方は、朝出社前の電車の中で人の顔と名前を覚えるゲームをやったり、学生で算数や数学の授業の前に四則演算系の脳トレを行ったりすると効果があります。スポーツの前に行うストレッチや体操のような感覚で取り入れてほしいと思います。

日常生活の中で人の顔と名前を覚える機会も少なく、算数や数学などの問題も解かないという人は、就寝時に布団の中で、今日あった出来事を寝る直前から朝に向けて順に思い出してみましょう。その時に感じた嬉しかったことやおいしかった食べ物など、**ポジティブなことを詳細に思い出してみるのも非常に効果的**です。

脳トレとして思い出す力が高まるだけでなく、1日の終わりをとても良い気分で過ごすことができ、翌日につながる質の高い睡眠を取ることができるでしょう。

ゲーム感覚で、楽しく脳を刺激しよう！

まずは、人の顔と名前を覚えるのに効果的な脳トレを4つ紹介します。

顔と名前を覚えるには、「①カオ認知力　②ナマエ連想力　③イメージ結合力」というつの力が重要になります。3つの力がうまく合わさると、**人の顔を見て瞬間的に名前が出てくる**ようになります。

人の顔と名前を覚える方法については、7章で詳しく解説します。人の顔と名前をすぐに覚えたい人におすすめです。

それでは、これから顔と名前の記憶に効く脳トレを見ていきましょう。

顔と名前の記憶に効く脳トレ

1 顔の特徴を捉える

写真を見て特徴的なところに丸をつけてみましょう。
（例：○○に似ている、エラが張っている など）

【解答例】

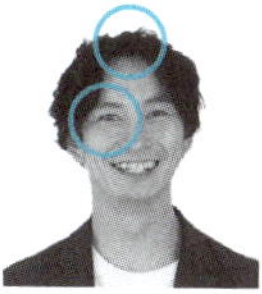

目が大きい。
髪が少しくせ毛。

垂れ眉で優しそう。
髪を後ろでとめている。

黒縁のメガネ。
髪をピタッとまとめている。

2 名字を見てモノを連想

次の名字を見て、連想できるものを結んでみましょう。

宮崎	山口	石川	千葉	福島
・	・	・	・	・
・	・	・	・	・
ふぐ	ディズニーランド	兼六園	マンゴー	もも

【解答例】

宮崎　山口　石川　千葉　福島

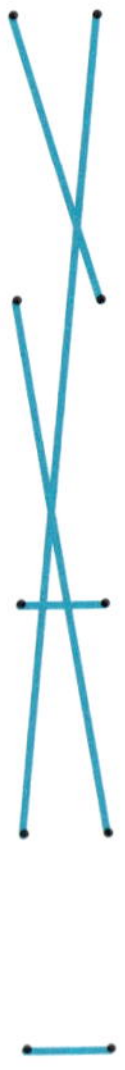

ふぐ　ディズニーランド　兼六園　マンゴー　もも

顔と名前の記憶に効く脳トレ

3 名字を見て人を連想

次の名字を見て、連想できる有名人や知り合いを思い浮かべてみましょう。

佐藤　鈴木　高橋　田中　渡辺

【解答例】

佐藤……佐藤健　鈴木……鈴木亮平

高橋……高橋尚子　田中……田中角栄

渡辺……渡辺謙

4 人の顔と名前を覚えてみる

写真を見て、顔と名前を記憶してみましょう。

平田

青木

石井

小沢

小林

青柳

土屋

高岡

榊原

荒井

計算に強くなる脳トレ

10パズル

4つの数字を1回ずつ使い、四則演算をして10になるようにしてみましょう。

2
5
8
9

【解答】
9－8÷2＋5

文章に強くなる脳トレ

音読&正確に意味を捉える練習

次の文章を音読して、意味を理解しましょう。日本語の文章であれば小説などの一部などなんでもOKです。

(例)『変身』カフカ

ある朝、グレゴール・ザムザが気がかりな夢から目ざめたとき、自分がベッドの上で一匹の巨大な毒虫に変ってしまっているのに気づいた。彼は甲殻のように固い背中を下にして横たわり、頭を少し上げると、何本もの弓形のすじにわかれてこんもりと盛り上がっている自分の茶色の腹が見えた。腹の盛り上がりの上には、かけぶとんがすっかりずり落ちそうになって、まだやっともちこたえていた。ふだんの大きさに比べると情けないくらいかぼそいたくさんの足が自分の眼の前にしょんぼりと光っていた。

認知力が高まる脳トレ

1 間違い探し

1つだけ違う文字が紛れているので見つけてみましょう。

①

犬犬犬犬犬犬犬犬犬犬
犬犬犬犬犬犬犬犬犬犬
犬犬犬犬犬犬犬犬犬犬
犬犬犬犬犬犬犬犬犬犬
犬犬犬犬犬犬犬犬犬犬
犬尤犬犬犬犬犬犬犬犬
犬犬犬犬犬犬犬犬犬犬

②

MMMMMMMMMM
MMMMMMMMMM
MMMMMMMMMM
MMMMMMMMMM
MMMMMMMMMM

【解答】①左から２列目、下から２つ目。
②右から２列目、上から２つ目。

2 動物単語探し

以下の文字列から動物を表す英単語を4つ探してください。

lzianmouse
irmaeiknnp
orqoibcalyu
nnkkcatrok
godhnbxazz

【解答】

lzianmouse
irmaeiknnp
orqoibcalyu
nnkkcatrok
godhnbxazz

思い出す力が高まる脳トレ

漢字クイズ

①「にんべんの漢字」を5つ書き出してみましょう。

②「5種類の鳥」を漢字で書いてみましょう。

【解答例】

①にんべんの漢字　「体、係、休、仕、仲　など」

②5種類の鳥　「鴨、九官鳥、孔雀、雀、白鳥　など」

ペア単語クイズ

まず、ペアになっている単語を記憶してください。

猫・電話	川・いちご	坂道・土	マイク・にんじん	根性・制服

次に、①～⑤に入る単語を答えてみましょう。

猫・①	②・いちご	③・土	マイク・④	⑤・制服

ひらめき力が高まる脳トレ

漢字穴埋めクイズ

中央のマスには、体の部位を表す漢字1文字が入ります。

①

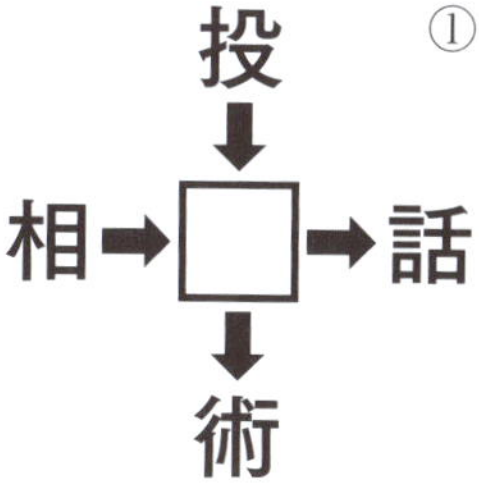

②

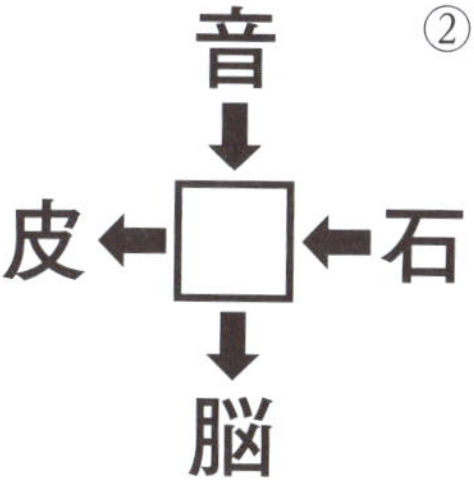

【解答】①手
②頭

脳トレのまとめ

- 記憶術を始める前の「脳の準備運動」として効果的
- 仕事や勉強の前に行うストレッチ感覚で取り入れる

3
章

自由に想像すれば記憶できる!?「ストーリー法」

「ストーリー法」に入る前に、改めて「脳トレ」と「記憶術」の関係性について説明しましょう。

脳トレは、仕事の前の「頭の体操」や勉強前の「脳の準備運動」として効果的であることは間違いありません。さらに脳トレをすると記憶術が上達し、記憶術を実践するとただ脳トレをする場合と比べて、より脳トレの効果を実感しやすくなるといった相関関係があるのです。

たとえば、2章で紹介した「覚える力が高まる脳トレ」。ペアの単語を覚えてから、1つの単語を見て、もう1つの単語を思い出すという問題でしたね。

これも、ただ機械的に覚えるより、本章で学習するストーリー法を知っていれば、簡単に記憶できるようになります。練習をすれば1、2秒で覚えることができるようになります。

ストーリー法をしっかり学習し、記憶力を高めていきましょう。

ストーリー法——「変な話」で脳にイメージを焼きつける

さあ、ここからは実際に様々な記憶法を紹介し、みなさんにも身につけていただきたいと思います。最初に紹介する記憶法が「ストーリー法」です。ストーリー法とは何かと言うと、ズバリ以下のような内容です。

ストーリー法とはその名の通り**お話（ストーリー）を作って記憶する方法**。
覚えるものを使ってお話を作り記憶する。
Ｓｔｅｐ１　覚える単語をイメージ化する。
Ｓｔｅｐ２　イメージ化した単語でお話を作る。

前述のようにまとめると、かなりシンプルな内容になります。実際に例題を使って説明をしていきたいと思います。ここでは、イメージしやすいようにすでに絵を用意しています。

【例題】以下の5つの絵の順番を覚えてください。

それでは、以下の絵の下にその絵が何番目にあったのか数字を記入してください。

【解答】

番目

番目

番目

番目

番目

前述のような問題がある場合、ストーリー法を利用して記憶すると非常に有効です。

どのように覚えるのかというと、お話を作って記憶します。

例題の5つの絵を見ていただくと、「黒電話」「時計」「燃えているエレキギター」「穴の中の猫」「てんとう虫」が描かれています。このまま普通に覚えるのではなく、以下のようなお話を作って覚えます。

【例】

「黒電話」が鳴ると「時計」がものすごい速さで動き出した。空からは「エレキギター」が降ってきて、「穴の中にいる猫」に当たると、猫は口から「てんとう虫」を吐き出した。

このようにお話を作ることができます。はじめてストーリー法を聞いた方は「なんでそんな訳のわからないストーリーになるのだろう?」などと疑問をいだくかもしれません。ストーリーは綺麗な話である必要はなく、めちゃくちゃで、ある意味奇想天外なお話で構いません。

むしろ、**ありえないような話のほうが感情に結びつき、印象に残りやすくなる**ので、現実の世界で起きそうにないようなストーリーのほうがいいです。通常はこのストーリーは人に見せるわけではなく、自分で記憶できればいいので、あまり考え込まず思いついたストーリーを作ってみることが重要です。

それでは、さっそく練習問題をやってみましょう。

【練習問題1】

【練習問題2】

【練習問題3】

【練習問題1　解答】

番目

番目

番目

番目

番目

【練習問題2　解答】

番目

番目

番目

番目

番目

【練習問題3　解答】

＿＿＿番目

＿＿＿番目

＿＿＿番目

＿＿＿番目

＿＿＿番目

いかがでしょうか？　練習問題はクリアできましたでしょうか？

もしクリアできたら少しレベルアップをしたいと思います。今度は絵がない文字だけの単語の記憶に挑戦です。以下の【例題】を見て行きましょう。

【例題】以下の5つの単語を順番に覚えてください。

1	みかん
2	馬
3	ペンギン
4	岩
5	雨

それでは、以下の解答欄に記憶単語5つを順番通りに記入してください。

【解答】

1	
2	
3	
4	
5	

先ほどは絵がついていた分イメージしやすく、解答も5つの中から順番に選ぶだけだったので、今回の問題のほうが少し難しく感じる方もいらっしゃるかもしれません。

単語だけで記載されている場合、文字で覚えようとするのではなく、**イメージすることが重要**です。

イメージは自分があとで思い出しやすければいいので、「みかん」という単語を見て、皮のむいてあるみかんをイメージしても構いませんし、鏡餅の上に置かれているみかんをイメージしても構いません。

どのようなストーリーでも構いませんが、今回はひとつの例を紹介します。

【例】

「みかん」の中から皮を破って「馬」が逃げ出した。馬の背中には「ペンギン」が乗っていて、走っていると「岩」につまずいて転んでしまった。すると空からは「雨」が降ってきた。

以下の練習問題では、登場する単語を丁寧にイメージ化することが重要です。しっかりイメージ化した上でストーリーを作らないと、思い出すことができず、解答欄を埋めることができなくなります。

しっかりとイメージ化することと印象に残りやすいような奇想天外のストーリーを作ることを意識して、以下の練習問題に取り組んでください。

【練習問題1】以下の5つの単語を順番に覚えてください。

1	2	3	4	5
いちご	いくら	牛	ドア	桜

【練習問題2】以下の5つの単語を順番に覚えてください。

1	2	3	4	5
帽子	メロン	パソコン	お茶	紙

【練習問題3】以下の5つの単語を順番に覚えてください。

1	2	3	4	5
電子レンジ	Tシャツ	コイン	ネクタイ	耳

それでは、次ページの解答欄に記憶単語を順番に記入してください。

【練習問題1　解答】

1
2
3
4
5

【練習問題2　解答】

1
2
3
4
5

【練習問題3　解答】

1
2
3
4
5

今回の練習問題で5個の単語を記憶していただきましたが、もう少し数を伸ばして最大10個程度の単語までであればストーリー法で記憶することができます。

しかしあまり数が多くなると、ストーリー法では話が長く壮大になってしまうので、途中で単語が抜けてしまったり、ストーリー作りに時間がかかってしまうというデメリットもあります。

そんな時に大きな効果を発揮するのが次の章で紹介する「体記憶法」と「場所法」です。この2つを使えば、100個の単語でも1000個の単語でも記憶できるようになります。

ストーリー法のまとめ

- その名の通りお話（ストーリー）を作って記憶する方法
- 覚えるものを使ってお話を作り、記憶する

Step1

- 覚える単語をイメージ化する
- 具体的にイメージできると記憶に残りやすい

Step2

- イメージ化した単語でお話を作る
- 印象に残るようなお話を作ることが重要

4
章

記憶力世界チャンピオンも実践する「最強の記憶術」

体記憶法（ペグ法）
――体と結びつければ簡単に覚えられる

さっそく「体記憶法」を試してみよう！

3章で学習した「ストーリー法」よりも強力ですぐに取り入れることのできる記憶術として「体記憶法」というものがあります。

体記憶法とは、自分の体と覚えたいものを結びつけて記憶していく方法です。

取り入れやすい理由として、自分と自分の体は24時間365日必ず一緒にいる状態なので、自分の体をたどりながら使うことができるからです。

では、さっそく実際の手順を確認してみましょう。

1、自分の体を上の部位からたどって番号を振る

①頭　②目　③鼻　④口　⑤首　⑥肩　⑦肘　⑧手　⑨胸　⑩腹

2、覚えたい10個の単語を各部位に結びつけていく

「ヘリコプター」「ボタン」「サイダー」「セロリ」「味噌」「ボールペン」「ピーナッツ」「ラーメン」「コアラ」「新聞」を1で振った部位と結びつけていきます。

「頭の上にヘリコプターが着陸した」「目がボタンになった」というように各部位と覚えるものを使って、3章で学習したストーリー法を使って記憶しましょう。

1：頭の上にヘリコプターが着陸した

2：目がボタンになった

3：鼻からサイダーが出てきて痛い
4：口でセロリをくわえる
5：首に味噌を塗る
6：肩が凝ったのでボールペンでマッサージをする
7：肘でピーナッツを潰す
8：手でラーメンを食べたらベタベタになった
9：胸にコアラが抱きついている
10：腹を新聞で巻いたら温かい

今回10の腹まで作成しましたが、背中や腰、下半身まで使えばもっとたくさんの部位を使って記憶できるようになります。10個では足りない人は作ってみるといいでしょう。

また自分にとって本当に覚えにくい用語や単語などを体に結びつけて記憶すると、定期的に体をたどることで確実に記憶できるようになります。

場所法——場所と結びつければ簡単に覚えられる

たとえば、「玄関で豚がブーブー鳴いていた」ら？

次に紹介する方法が「場所法」です。

場所法はストーリー法と比較すると、身につけるには少し時間がかかります。

しかし、場所法はメモリースポーツの**世界チャンピオンを含め、メモリーアスリートのほぼ全員が使っている技術**で、身につけてしまえば**絶大な効果のある記憶術**です。

ここでしっかりと理解し身につけましょう。

みなさんの生活はたくさんの場所で溢《あふ》れています。自分が住んでいる家、通っている会社、昔通っていた小学校、よく行くコンビニなどです。普段あまり場所を意識して生活はしていないと思いますが、身近な場所を意識してみましょう。

まず自分の住んでいる家を思い浮かべてください。家に入るドアがあり、ドアを開けると玄関があると思います。それらの**場所に覚えるものを置いていく**というのが場所法です。普段家のドアには何もついていないと思いますが、無理やりドアに「牛乳」を埋め込んでみましょう。

プラスして、ドアが牛乳臭いイメージをしてもよいかもしれません。普段では絶対にあり得ない状況ですね。このあり得ない状況というのが、インパクトがあり、記憶に残りやすくなります。

次に玄関に「豚」を置いてみましょう。

ドアを開けて玄関を見ると、豚がブーブー鳴いていたらうるさいですね。

このように身近な場所に覚えるものを置いていきます。

それでは場所を思い出してみましょう。


ドアには何がありましたか？

牛乳が埋まっていましたね。

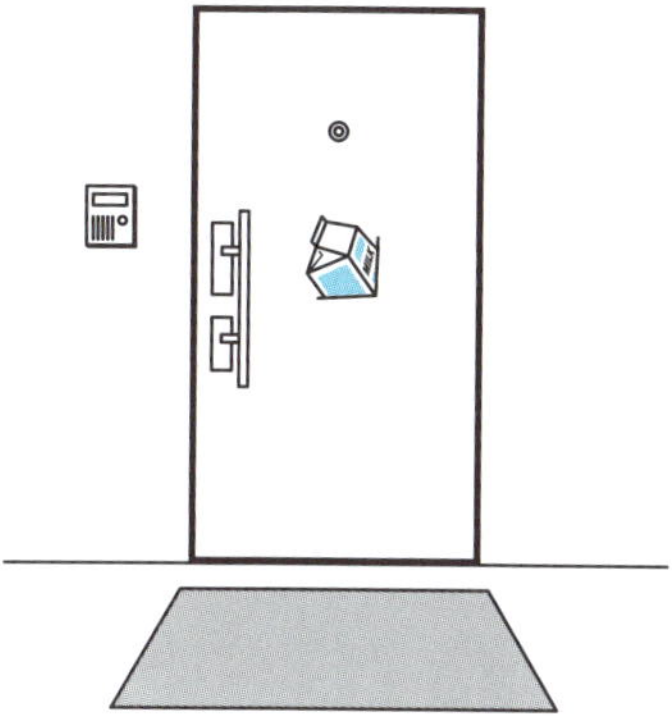

ブー
ブー

次に玄関には何がいたでしょうか？
豚がブーブー鳴いていてうるさかったですね。

このように、順番通り場所に覚えるものを置いて記憶するのが場所法です。世界チャンピオンも使っていると聞くと「どんな難しい方法なんだろうか？」なんて思った方もいたかもしれませんが、とてもシンプルな方法なのです。

なぜ「場所と結びつける」と簡単に覚えられる？

記憶などを司《つかさど》る脳の器官である海馬《かいば》には、プレイスニューロン（場所細胞）という部分があります。場所に何かがあるという情報をたくさん覚える必要があるため、動物はプレイスニューロン（場所細胞）が発達していると言われています。

その機能をうまく利用し、場所に記憶するものを置いていくと、とてもラクに記憶することができます。

たとえば最近、はじめて入ったお店をイメージしてみましょう。どこにレジがあってどこに椅子やテーブルがあるかなど不思議とおおよその間取りを覚えているはずです。この脳の機能を最大限利用して覚えていきます。

さっそく「場所法」を試してみよう！

Step1 場所法を使うには仕込みが必要

場所法を使うには料理をするように少し仕込みが必要です。仕込みは場所を用意することです。

身近な場所を使うことはわかっていても、身近な場所を具体的にどこにするのか？　その場所のどこに、どの順番で置くのかということを事前に決めておかなければいけません。これを「**場所作り**」と言います。

みなさんにとって一番身近な場所は自宅でしょう。今回はよくある家の間取りを例に説明をしていきます。

自宅など場所の大きな括《くく》りを「**ルート**」と呼びます。先ほどの説明で紹介したように、自宅の中にはドア、玄関などの細かい場所があります。この細かい場所を「**プレイス**」と呼びます。

プレイスを作る場合は、時計回りもしくは反時計回りのようにひとつの方向性を持って作るようにしましょう。

方向性を持たせたほうが早く記憶することができ、またプレイスを途中で飛ばしてしまうというようなミスを防ぐことができます。

次ページの図❶～❿のように10個のプレイスを作ることができるでしょう。

ひとつのルートで10個のプレイスがあることを「1ルート10プレイス」と言います。

今回紹介した家は10プレイスしかありませんが、大きい家に住んでいる方はもっとたくさんのプレイスができるかもしれませんし、遊園地や大学のキャンパスなどの広い場所で長いルートを作ることも可能です。

脳内のイメージでは図のようになっています。ストーリー法と同様に**イメージすることが非常に大切**です。

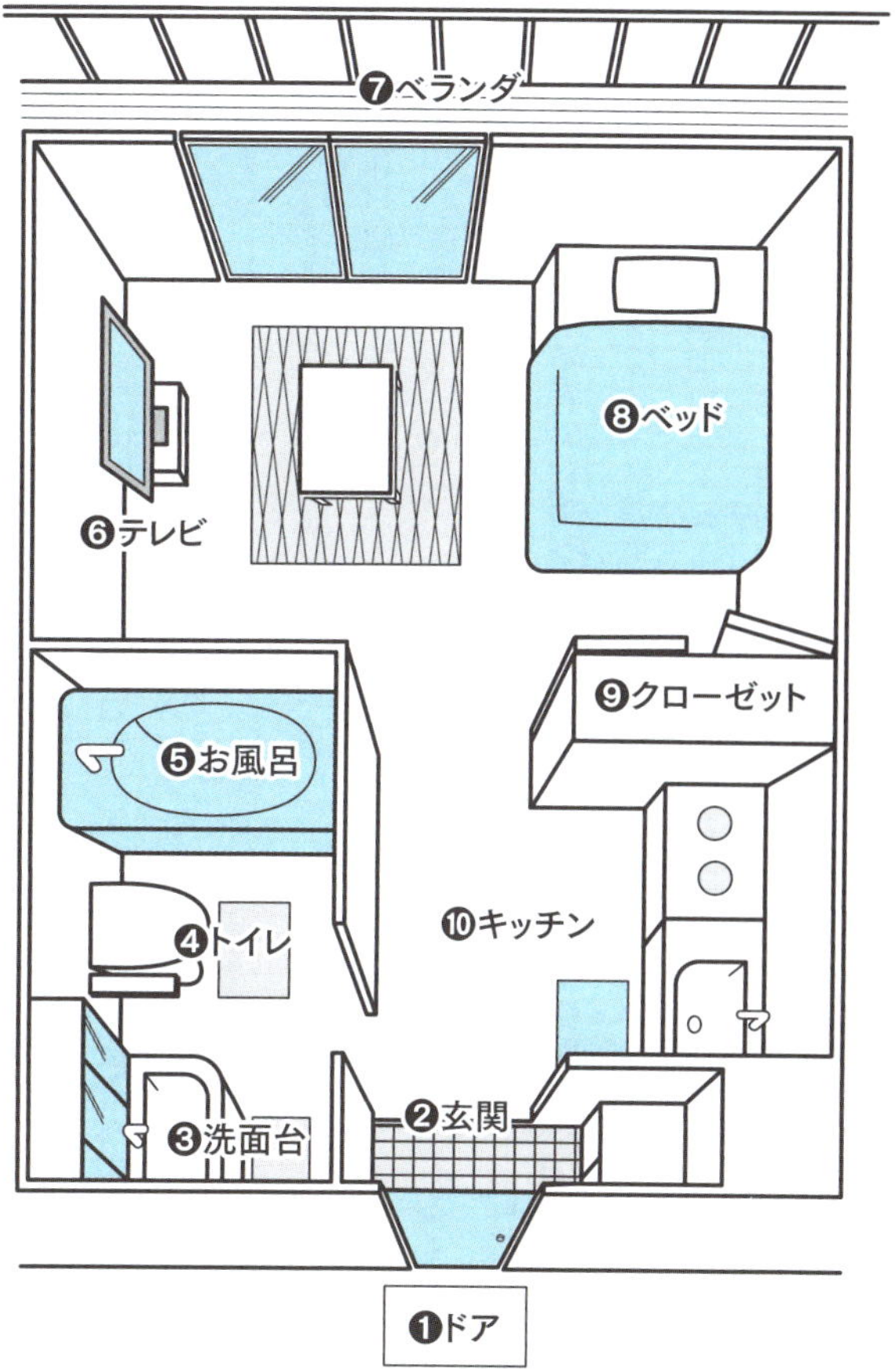
❼ベランダ
❽ベッド
❻テレビ
❾クローゼット
❺お風呂
❹トイレ
❿キッチン
❷玄関
❸洗面台
❶ドア

Step2　覚えたいものをプレイスに置いていく

覚えたいものをプレイスに順番に置いていきます。今回はみなさんの好きな単語10個を置いていきます。ひとつのプレイスにひとつの単語を置いていきましょう。

記憶のポイントは先ほどのストーリー法と同様で、文字情報として記憶するのではなく、具体的にイメージをして記憶してください。

ドアに牛乳が埋まっているイメージのように、プレイスにものを置くときは俯瞰《ふかん》的に置くよりも、自分の目の前にプレイスがあり、そこに覚えるものがあるイメージをするとより記憶に残りやすいです。イメージ化する時もストーリー法と同様に、ありえないような**奇想天外なイメージにすると印象的で記憶に残りやすくなります**。

この作業を「⑩キッチン」まですべてのプレイスで行っていきます。

10個のものを❶～❿までのプレイスに置くことができましたか？

ここですべて覚えられたと自信のある方はStep3に進んでみましょう。まだ自信がない方は、ひとつ目のプレイスから10番目のプレイスまでもう一度たどってみましょう。できたと思ったらStep3に進んでください。

MILK

Step3 覚えたものを思い出す

Step2で覚えることができたら、次は覚えたものを思い出すステップです。思い出す方法は簡単です。プレイスを1番目から順番にたどり、各プレイスに何を置いたのかを確認していきます。


1プレイス目には何を置きましたか？

ドアに牛乳が埋まっていましたね。

2プレイス目の玄関はどうでしょうか？

豚がいたと思います。ブーブー鳴いているところまで想像できたら完璧です。


このようにして10番目のプレイスまで思い出してみましょう。

もしプレイスの順番がわからなくなってしまったら、プレイスの図を見て順番を確認しても構いません。

ルートを新しく作ると、慣れるまでプレイスの順番を間違えたりわからなくなったりすることがあります。ただ、**使い慣れてくると自然と間違えにくくなる**ので、今の段階ではあまり心配しないでください。

また、思い出す時に牛乳を置いたはずなのに、コーヒーやジュースと間違えて思い出してしまうことがあります。これはどちらも飲み物で、イメージが似ているため、間違いが起きるのです。

しかし、このようなミスは良いミスです。なぜなら「飲み物」としてしっかりとイメージ化できている証拠だからです。

メモリースポーツではこのようなミスは厳しく採点されますが、日常生活や勉強で使用する分には気にしなくて構いません。間違えた段階でその都度、修正して覚えてしまえばいいのです。**ニュアンスや雰囲気としてわかっていることが重要**だからです。

しっかりとイメージできた方は10個の単語を思い出せたのではないでしょうか？

10個の単語を覚えるということは難しいことですが、場所法を使えば、量が増えても簡単に記憶することができます。これが場所法の絶大な効果です。

場所法で「さらに効率的に覚える」法

場所にやどる「ゴースト」って何？

「ゴースト」と聞くとおばけや幽霊のような怖いイメージを連想されると思いますが、記憶術で出てくるゴーストは別に怖いものでもなんでもありません。

今10個のプレイスにものを置き、何を置いたか思い出していただきました。

ここから新たに覚えたいものが発生した時にドアや玄関にものを置いてしまうと、ドアに埋まっていた牛乳や玄関にいた豚が邪魔をします。

これを「**ゴースト**」と言います。ゴーストがいるとなかなかイメージを置きにくく、新たに置いても思い出す時にも邪魔をしてきます。これはしっかりとイメージを場所に置けているということの副作用でもあります。

では、このゴーストはどうやったらいなくなるのでしょうか？

ゴーストを消す方法はたったひとつ、使わなければいなくなります。**放っておけばいい**のです。放っておくとイメージは徐々に弱くなり、やがて消えてしまいます。

これが場所法のデメリットのひとつです。ゴーストが宿ってしまうため、1回使用した場所はしばらく使いづらくなってしまうのです。

大量に記憶できる「場所作り」のコツ

先ほどの例題では、説明のために架空の家を使用しました。

ルートの大きさは、その人や何をどのくらいの期間で覚えなければいけないかということによって変わるのでなんとも言えませんが、合計で**50〜100プレイスあると勉強や学習に大きな効果**が出ます。

本気でメモリースポーツをやりたい人は、300プレイスほどあるといいでしょう。

みなさんは、まだ1ルート10プレイスしか持っていないため、練習問題でルートとプレイスを増やす場所作りを行っていただきたいと思います。
今から作る場所はこのあとの練習問題で生きてくるので、ぜひ取り組んでください。

【練習問題1　場所作り】10プレイスのルートを2つ作ってください。

【例】

ルート名：自宅

プレイス	
1 ドア	6 テレビ
2 玄関	7 ベランダ
3 洗面台	8 ベッド
4 トイレ	9 クローゼット
5 お風呂	10 キッチン

ルート名：

6	1	プレイス
7	2	
8	3	
9	4	
10	5	

ルート名：

6	1	プレイス
7	2	
8	3	
9	4	
10	5	

【練習問題2　単語記憶】練習問題1で作ったルートをどちらかひとつ使用して、10個の単語を覚えてみましょう。ルートやプレイスは見ながら行っても構いません。

1	2	3	4	5
スカイツリー	しゅうまい	たこ焼き	うなぎ	煎餅
6	**7**	**8**	**9**	**10**
落花生	牛肉	明太子	カニ	お茶

【解答】

1	2	3	4	5
6	**7**	**8**	**9**	**10**

いかがでしたか？　たくさんのものを覚える時にストーリー法で覚えようとすると時間がかかり、間が抜けやすいという壁にぶつかります。

しかし、場所法だとあらかじめ作った場所に置いていくという作業になるので、比較的ラクに記憶することができます。本章の最後に場所作りのシートと難易度を変えた練習問題を数問用意しておきます。一度にやろうとせず、練習してみてください。場所法をどう実践に応用していくのかという詳しい話は、8章で紹介します。

さらに効率的に覚えられる「場所の節約術」

では、もっと多くのものを覚えたい時はどうすればいいのでしょうか？

同じ場所を使うとゴーストが出てきますが、じつは解決する方法が2つあります。

1つが「**ルートやプレイスの数を増やす**」こと。

もう1つが「**ひとつのプレイスに置く数を増やす**」ことです。

「ルートやプレイスの数を増やす」は、後述する練習問題で試していただきますので、ここでは「1つのプレイスに置く数を増やす」についてお話ししていきます。

本章の冒頭ではわかりやすく説明するために、1つのプレイスに1個の単語を置いていました。これを「**1 in 1メソッド**」と言います。1つのプレイスに2つ置く方法を「**2in1メソッド**」と言います。

2in1メソッドだと、**プレイスの消費量は半分で済む**ようになります。たとえば、1ルートに10プレイスある場合は、20個のものを記憶できるようになるのです。

しかし、1つのプレイスに2つのものを置く場合、2つのものの前後関係を覚える必要があります。1つのプレイスの中で、前後関係の区別はどのようにするのかというと、3章で使ったストーリー法を使って記憶するのです。

1in1メソッドではドア（1プレイス目）に「牛乳」が埋まっていて、玄関（2プレイス目）には「豚」がいました。

2in1メソッドでは、ドア（1プレイス目）に「牛乳」と「豚」の両方を置くことになるので、ただ場所に置くのではなく、「牛乳が埋まっていて、その牛乳パックの中で豚が泳いでいた」というストーリー要素のあるイメージを作る必要があります。

他にも「3in1メソッド（ひとつのプレイスに3つ置く方法）」「4in1メソッド（ひとつのプレイスに4つ置く方法）」などもありますが、あまり多くの単語を置くことはおすすめしません。1つのプレイスにたくさんのものを置いてしまうと、1つのプレイスの中でストーリーが壮大になって、1つのプレイス内が混み合った状態になってしまいます。一般的にどんなに多くても、1プレイスあたり5個までにしたほうがいいと言われています。

場所を節約する以外にも、1つのプレイスに置く数を増やすと思い出しやすくなるというメリットもあります。1 in 1メソッドだと、思い出す時の手がかりがそのプレイスしかありません。

しかし、1つのプレイスに複数のものを置くと、プレイス以外にストーリーを作って他のものと関連させて覚えるため、思い出すきっかけが増えて、思い出しやすくなります。

記憶術で一番大切なことは、最終的に思い出すことができるかどうかということなので、思い出しやすいということは重要なことです。

抽象的な単語を覚えるにはどうする?

練習問題では具体的な単語で場所法を紹介してきました。「りんご」というと誰もが赤い（もしくは緑色）の甘酸っぱいおいしい果物をイメージすると思います。

では、形の存在しないものを記憶する時はどのようにしたらいいでしょうか？

たとえば「心」という単語を覚えようと思っても、「心」に具体的で明確なイメージがありません。このような時には、「心」という単語を聞いて少し違ってもいいので、それに関連するイメージを想像するようにしましょう。

「かわいい女性からラブレターをもらう夢のようなシーン」「ハート型のクッション」などをイメージしてもいいかもしれません。これらのイメージは直接的に「心」という単語ではありませんが、**直感的に連想できるものをイメージ**するようにしましょう。

思い出す時には「かわいい女性からラブレターをもらう夢のようなシーン」を思い浮かべますが、「ラブレター」や「告白」という単語ではなかったということはわかるので、そこから連想して「心」という単語にたどりつければ問題ありません。

余談ですが、練習問題2で覚えていただいた10個の単語は、都道府県の人口ランキングトップ10です（「2024年国勢調査」総務省）。県名のままではイメージしにくいため、各県の象徴や名産品などを単語にして覚えていただきました。

【練習問題3　場所作り】

1ルート15プレイス

ルート名：

プレイス

1	6	11
2	7	12
3	8	13
4	9	14
5	10	15

1ルート20プレイス

ルート名：

プレイス

1	6	11	16
2	7	12	17
3	8	13	18
4	9	14	19
5	10	15	20

【練習問題4　単語記憶】

1	6	11
2	7	12
3	8	13
4	9	14
5	10	15

【練習問題5　単語記憶】

1	6	11
2	7	12
3	8	13
4	9	14
5	10	15

【練習問題4　解答】

11	6	1
12	7	2
13	8	3
14	9	4
15	10	5

【練習問題5　解答】

11	6	1
12	7	2
13	8	3
14	9	4
15	10	5

体記憶法、場所法のまとめ

- 体記憶法とは、自分の体と覚えたいものを結びつけて記憶する方法
- 頭、目、鼻……といった部位ごとに番号を振っていく
- 定期的に体をたどることで、覚えたいことを確実に記憶できる

- 場所法とは、自分の身近な場所に覚えるものを置いていく方法
- 場所は自分の住んでいる家や通っていた学校などの身近な場所を設定する
- 場所は「ルート」と「プレイス」に分けることができる
- 場所に順番通りに置くだけで、ラクに記憶できる
- ストーリー法よりも早く正確に大量に覚えられる

5章

日常の
様々な場面で役立つ
「数字記憶法」

数字記憶法
……暗証番号もスイスイ覚えられる

3章と4章で記憶法の中で一番重要なストーリー法と、体記憶法、場所法を紹介しました。

次に汎用性の非常に高い記憶法である「数字記憶法」を紹介します。

数字は電話番号や暗証番号、ナンバープレートなど生活の中のあらゆるところで登場しますが、多くの方が日常生活で見かける機会の多い数字を覚えることに苦労していると思います。

ここでは、そのような数字の記憶方法について紹介します。記憶法は8章の「記憶術を日常生活に生かしてみよう」や9章の「教科書記憶法」でも関連してくる記憶術なので、しっかりと理解し、身につけましょう。

なぜ数字はなかなか覚えられないのか？

多くの方が数字を覚えることが苦手だったり、それ以上に計算などで数字を扱うことに拒否感を持っている方もいるかと思います。

日常で使う言葉に比べて、なぜ数字をとっつきにくいと感じるのかというと、**数字はそれ自体に意味がない**ものであり、**無機質なもの**だからです。

たとえば「レモン」という単語を見ると「黄色い、酸っぱい果物」と簡単に想像できると思います。想像力が豊かな方は、唾《つば》が出てきたかもしれません。

一方、「９７０」という数字はどうでしょうか？

「９７０」という数字を見ても、ただの3桁の数字が並んでいると感じる方が大半だと思います。この差が数字に対する拒否感を生んでいる原因なのです。

では、少し数字を変えてみましょう。「レモン」のように、全員が共通した同じイメージを持つことはなかなか難しいのですが、野球ファンの方は「51」や「17」という数字を見たら選手の背番号を連想し、「51＝イチロー」「17＝大谷翔平」と感じるでしょう。アイドルファンの方だったら、「46」「48」という数字を見ると、「乃木坂46」「AKB48」とイメージできるかもしれません。

このように数字でも何か自分の体験したことや好きなもの、身近なことに置き換えると簡単にイメージができるようになり、記憶することが容易になります。

数字を簡単に記憶する「1桁1イメージ法」

数字を身近なイメージに置き換えると記憶に残りやすい――。それは間違いないのですが、すべての数字を身近なイメージに換えることは難しいです。そこで、ここからはある法則性に則って数字を記憶する方法をご紹介したいと思います。

「**1桁1イメージ法**」です。名前を聞くと難しそうに感じるかもしれませんが、非常にシンプルな方法です。私たちが日常生活で使用している0~9の数字を具体的なものに置き換えて記憶する方法です。

数字は音と合わせて言葉を作っています。「0」は「れい」と読めるので「冷蔵庫」というイメージしやすいものに置き換えました。

それでは、どのように記憶するのか実際に紹介していきたいと思います。

【変換表】

0 冷蔵庫	5 ゴリラ
1 いちご	6 ロッカー
2 にんじん	7 七面鳥
3 サンダル	8 蜂
4 ヨット	9 きゅうり

【例題】

8	5	3	9	1

という数字を記憶する場合、変換表から

8↓蜂	5↓ゴリラ	3↓サンダル	9↓きゅうり	1↓いちご

という単語に置き換えることができます。

単語を5つ覚える問題は「ストーリー法」や「場所法」で紹介した単語記憶と同じです。例題や練習問題と言葉を置き換えただけでまったく同じ問題になりました。

数字もこのように、一度事前に決めたイメージに置き換えてしまえば、簡単に記憶することができるのです。単語は無制限にありますが、1桁1イメージ法のイメージ数は**10パターンしかないので、思い出す時に絞り込むのも容易**です。単語を覚える時の前段階に数字を単語に置き換えるという作業が加わっただけなのです。

単語記憶　　単語→イメージ化→場所に置くorストーリーを作る
数字記憶　数字→単語→イメージ化→場所に置くorストーリーを作る

それでは次の問題を通して数字記憶法の練習をしてみましょう。まず、数字を見て前ページの変換表にある単語を思い出す必要があります。数字の下に単語を書き出してみましょう。思い出せない場合はイメージ表を見ながら行っても構いません。時間を測り、タイムを縮めることを意識すると、ゲーム性があって楽しくトレーニングすることができます。

【練習問題1】

4	9	5	0
3	8	6	1
2	7	7	2
1	6	8	3
0	5	9	4

タイム

1回目	
2回目	
3回目	
4回目	
5回目	

【練習問題2】

2	9	5	3
1	1	4	2
4	9	1	9
5	6	2	1
8	7	0	6

タイム

1回目	2回目	3回目	4回目	5回目

【練習問題3】

4	6	5	2
1	4	5	1
3	9	1	6
0	8	7	2
8	2	0	0

タイム

1回目	2回目	3回目	4回目	5回目

ある程度数字の変換が身についたら、ストーリー法を使って実際に数字を覚える練習をしてみましょう。

【練習問題4】

0	5	7	3	1

【解答】

ストーリー記入欄

【練習問題5】

3	1	7	5	3	7	0

【解答】

ストーリー記入欄

7桁の数字をストーリー法で記憶すると話が長くなり、少し大変だったかもしれません。覚える数が増えてきた時は、場所法を使って記憶してみましょう。次の問題から同じ数字を使って場所法で記憶してみてください。

【練習問題6】

8	8	5	7	5	1	9	4

【解答】

4章にあるルートを使用

場所法を使用すると、数が増えた時に非常にラクに記憶できることを改めて実感いただけたと思います。どんなに数が増えても場所法を使えば、もっとたくさんの数字を記憶することができるようになります。

数字記憶法のまとめ

- 0~9の数字を具体的なものに置き換えて記憶する方法
- 数字↓単語↓イメージ化↓場所に置くorストーリーを作る

6章

パスワードもラクに覚えられる「アルファベット記憶法」

アルファベット記憶法
——これでID、パスワードも忘れない！

5章で数字記憶法を学んでいただきました。数字ほどではないものの、日常生活で頻繁に目にするものがアルファベットです。

メールアドレス、オンラインショッピングサイトのログインID、Wi-Fiのパスワードなどインターネットの発展に伴い、覚えなければいけない場面が増えてきました。外出先でログインパスワードを聞かれ、困ったことがある方も多いのではないでしょうか？

ほとんどのパスワードは数字とアルファベットの組み合わせで作られているので、5章と本章の記憶法を身につけることができれば、困ることはなくなります。基本的な覚え方は数字記憶法と同じなので、安心してください。

5章で紹介したように、日常生活で使用する数字は0〜9までの10種類の数字で構成されています。アルファベットは何文字あるでしょうか?

英語のアルファベットは26文字あります。アルファベットは日本語を母国語としている日本人にとって、元々馴染《なじ》みの薄いものです。ローマ字のAを見ても何も思い浮かばないと思いますので、数字同様に変換表(124ページ)を元に記憶していきます。

数字と比較して26個と数が多いので、1回ですべて覚えようとせず、時間をかけて何回も覚え直すという気持ちで構いません。また数字よりも汎用性は低いので、難しいと思ったら飛ばしてしまっても問題ありません。

それでは、125ページから始まる問題を通じて、練習してみましょう。アルファベットの下に変換表にある単語を書き込んでいきます。タイムを記入できる欄も設けていますので、時間を測ってやってみてください。変換表は見ても構いません。

変換表

A	B	C	D	E	F
Apple りんご	Bee 蜂	Candy あめ	Drum ドラム	Eraser 消しゴム	Fish 魚
G	**H**	**I**	**J**	**K**	**L**
Garlic にんにく	Hand 手	Ice cream アイスクリーム	Jellyfish クラゲ	Knife ナイフ	Lake 湖
M	**N**	**O**	**P**	**Q**	**R**
Medicine 薬	Nail 爪	Octopus タコ	Peach 桃	Queen 女王	Rabbit ウサギ
S	**T**	**U**	**V**	**W**	**X**
Strawberry イチゴ	Table テーブル	Umbrella 傘	Violin バイオリン	Watch 時計	Xylophone 木琴
Y	**Z**				
Yogurt ヨーグルト	Zebra シマウマ				

【練習問題1】

A	B	C	D
E	F	G	H
I	J	K	L
M	N	O	P
Q	R	S	T
U	V	W	X
Y	Z		

タイム

1回目	
2回目	
3回目	
4回目	
5回目	

【練習問題2】

D	I	N	S	Z
C	H	M	R	W
B	G	L	Q	V
A	F	K	P	U
Z	E	J	O	T

タイム

1回目	
2回目	
3回目	
4回目	
5回目	

【練習問題3】

H	B	V	T	R
A	G	C	F	X
Q	M	D	E	S
Z	K	W	V	K
J	Y	U	P	O

タイム

1回目	2回目	3回目	4回目	5回目

ある程度アルファベットの変換が身についたら、ストーリー法を使って実際に覚える練習をしてみましょう。

【練習問題4】

H	A	X	U	Z

【解答】

ストーリー記入欄

タイム

1回目	2回目	3回目	4回目	5回目

今度は場所法を使って7桁のアルファベットを覚えてみましょう。

【練習問題5】

U	B	V	M	V	Y	C

【解答】

4章で作ったルートを使いましょう。プレイスは1～7まで使用してください。

タイム

1回目	2回目	3回目	4回目	5回目

アルファベット記憶法のまとめ

- 基本的な覚え方は数字記憶法と同じで、具体的なものに置き換えて記憶する
- アルファベットは26文字あるので、26文字を置き換えて覚える
- 数字よりも汎用性は低いため、難しいと思ったら無理に覚えなくても問題ない

7
章

「名前なんだっけ……」を解決する「顔と名前の記憶法」

相手の「名前を簡単に覚える」法

顔は覚えているのに、なぜ名前が出てこないのか？

人の名前が出てこない時があるかと思います。

たとえば、営業先の担当者の名前、子どもの学校の保護者会などで「こんにちは」と声をかけられて「この人の顔は知っているけど、名前はなんだっけ？」と考えながら、他の人がその人の名前を呼ぶのを待っている状況を一度は経験しているのではないでしょうか？

そもそも、なぜ顔は覚えているのに名前が出てこないのでしょうか？

それは**顔と名前に関連性がないから**です。

私の名前は「青木健《あおきたける》」ですが、健という名前と顔につながりはありません。また青木という名字も親から受け継いでいるだけで、名前と同様に顔と関連性はありません。結婚したら名字が変わる可能性だってあります。

少々脳科学的な話をすると、**顔を認知する脳の部位と人の名前などの情報を覚える部位は違います**。その情報を脳内でうまく接続できていないと、「顔はわかるけど名前はなんだっけ？」という状態が起こると言われています。

また、人は「再生記憶」よりも「再認記憶」のほうが得意です。

再生記憶は、何かを見てヒントなしで完璧に思い出す力のこと。

再認記憶は、それを見たことがあるかどうか判断する力のこと。

人の顔を見たことがあるかどうかは再認記憶にあたり、人の顔を見て名前を思い出す力は再生記憶です。

再認記憶は子どもから高齢者までほとんど変わらず、再生記憶は年を取るほど下がりやすくなると言われています。

顔と名前を覚えるには「①カオ認知力」「②ナマエ連想力」「③イメージ結合力」の3つの力が必要です。この3つの力のどれが不足をしても人の顔と名前が覚えられない状態になってしまいます。

①カオ認知力

カオ認知力はその名前の通り、人の顔を見て**見たことがあるか判断**をしたり、「目がパッチリしているな」「おでこの皺が特徴的だな」など瞬時にその人の顔の特徴を捉えたり、「優しそうな人だ」「神経質そうだ」「同僚の佐藤さんにどこか似ているな」など**人の雰囲気を捉える力**です。

カオ認知力が不足してしまうと、会ったことがあるのにはじめて会うと勘違いしてしまったり、見たことがあると思っても特徴的だと思った場所が思いつかなかったりします。

カオ認知力は短い時間でたくさんの人を見て、顔や雰囲気などの特徴を見つける練習をすると飛躍的に向上します。

②ナマエ連想力

ナマエ連想力は挨拶をされた時にその名前から連想する力です。

「青木」というのはただの情報でそれ自体に意味はありません。人間は意味のないものはなかなか覚えられないので、その名前から何かを連想しイメージ化してあげることが記憶力を伸ばすポイントです。

「青木」だったらただ「青木」と覚えるのではなく、「真っ青な木にぶら下がっている青木さんをイメージしてみよう」「芸人の青木さやかさんや、元野球選手の青木宣《のり》親《ちか》選手と同じ名前だな」という感じで連想し、イメージ化できるといいでしょう。名字を見て**直感的に何かを連想し強くイメージする**ことがポイントです。

③イメージ結合力

イメージ結合力は、①カオ認知力と②ナマエ連想力で作ったイメージをつなげる力です。顔も見たことがあり、名前も知っているはずなのにどうしても思い出せないという時は、イメージの結合がうまくいっていない可能性が高いです。

イメージ結合力は日常生活の中ではなかなか鍛えられないので、意識的にトレーニングするしかありません。

「顔」と「名前」を結びつけるという作業は、英単語を覚える時に「英単語」と「日本語の意味」を結びつけるという行為と非常に似ています。英単語も「apple＝りんご」である理由がないからです。

覚えにくい英単語を覚える時に、**語呂合わせ**を使って覚えたことがあると思います。語呂合わせも立派な記憶術であり、脳科学の研究でも効果があることが証明されています。

語呂合わせは3章で紹介をしたストーリー法に分類されるので、ストーリー法に不安がある人はストーリー法の練習をするといいでしょう。

顔と名前を覚えるために必要な3つの力について詳しく説明をしました。実際に例を見ながら説明をしていきます。

左の写真の男性は酒井さんという名前です。写真を見てどのように感じたでしょうか？

「笑顔が爽やかだから営業マンをやってそうだな」
「眉毛が濃いから何だか力強そうだな」
などなんでも構いません。**直感を大切にしましょう**。（①カオ認知力）
次に「酒井（さかい）」という名前から「酒（さけ）」と「井（い）」に分けて「酒を飲んで胃がパンパン」と連想します。（②ナマエ連想力）

そして①と②をつなげて「笑顔が爽やかな営業マンで普段から接待でたくさん酒を飲んでいるから胃がパンパンだ」というように記憶します。（③イメージ結合力）
このように連想して記憶すると覚えやすくなります。
名前からイメージを連想する時に、「酒を飲んで胃がパンパン」以外に酒井のつく有名人や知り合いが思い浮かぶ時があります。その時はイメージの中にその人を入れてしまって構いません。

たとえば、酒井から俳優の酒井法子さんをイメージした場合、「酒井法子さんと一緒に酒を飲んで胃がパンパン」とイメージするといいでしょう。

酒井というイメージが1つの時よりも思い出すフックが1つ増えるので、じつは思い出しやすくなります。

それでは実際に練習問題にチャレンジしてみましょう。

【練習問題】顔と名前を覚えてみましょう。

中山

山口

亀井

中田

風澤

小山田

外園

石飛

覚えられたでしょうか？　それでは確認してみましょう。

【解答】

実際に挑戦してみてどうでしたか？

思い出す時は必ず「顔を見る→名前を思い出す」という流れになったと思います。

その時に顔を見て感じた直感が思い出すきっかけになっていると思います。

はじめて見て感じた第一印象は、別の時に見ても同じように感じる可能性が非常に高いです。あれこれ考えすぎてイメージを作ると、逆に思い出しづらくなることがあるので、カオ認知力は**直感的にイメージすることが重要**なのです。


プラスαの知識として知っておいていただきたいのは、「**覚える人に興味を持つと記憶に残りやすくなる**」ということです。

みなさんも学生時代などに好みの生徒がいた時やテレビで自分好みの芸能人などを見た時に、特に努力もせずに自然と記憶できたという経験があるのではないでしょうか？

記憶のテクニックを使用しなくても、興味を持つと脳が活性化し勝手に覚えようとします。すべての人を好きになれとは言いませんが、人の顔を覚えるのが苦手な人は、興味を持つと覚えやすくなるのでおすすめです。

また、雑談などをする余裕があれば、趣味の話などプライベートな話をするのもおすすめです。雑談をして酒井さんの趣味が釣りだということがわかれば、次にその人を見た時に、釣りの話をした人だと思い出しやすくなります。

勝手に「釣りをしている時も酒を飲んで胃がパンパン」と覚えてしまうのも非常に効果的です。

人の顔と名前を覚える練習をしたい人におすすめのアプリがあります。

私が運営している会社から２０２４年12月にリリースした「**カオナマエ**」という脳トレゲームアプリ（無料）です。iPhoneでもAndroidでも利用できます。

ゲーム感覚で、**1日数分やれば顔と名前を覚える力が向上する**ので、ぜひ試してみてください。継続して遊べば、顔と名前の記憶の達人になること間違いなしです。

●「カオナマエ」のダウンロードはこちらから

https://kaonamae.memoaca.com/

App Store

Google play

相手に「名前を覚えてもらう」法

ここまでは人の名前を記憶する方法を紹介しましたが、ここからは自分の名前を相手に覚えてもらう方法を紹介していきます。

自己紹介には「キーワード」を入れる

覚える時にキーワードを入れて自己紹介しましょう。多くの方は「○○株式会社の青木 健です」と自己紹介している方がほとんどだと思います。

しかし、このままでは覚えにくくインパクトがないので、「○○株式会社の青木 健です。学生時代はブルース・リーならぬ、ブルーツリー（青い木）と呼ばれていました」とひとひねり加えると、相手の記憶にグッと残りやすくなります。

前に、『踊る大捜査線』というドラマがありましたが、主人公・青島刑事役の織田裕二さんに「都知事と同じ名前の青島です」という自己紹介の決まり文句がありました。

この自己紹介も非常に理にかなった方法です。なぜかというと、「青島知事」という具体例を挙げることによって聞き手はイメージが容易にできるからです。またそのような自己紹介をする人は稀有《けう》なので、印象に残りやすくなります。

珍しい名字や名前の場合は、ルーツの話をしてもいいかもしれません。もし、どうしても名字と何かを関連させることが難しければ、「小さい林で小林です」「平《たいら》に田んぼの田で平田です」など名字を構成している漢字から単語を作ってもいいでしょう。

服装や持ち物にヒントをつくる

私は仕事ではじめてお会いする方がいる時は、必ず青系のファッションで身を固めます。スーツを着る時は紺系のスーツに水色のワイシャツ、ネクタイや靴下、カバンも紺色です。そして自己紹介の時には必ず「青木なので、○○さんに覚えていただきたくて全身青で固めてきました」と自己紹介するようにしています。

前職では年間300件ほど新しい取引先を訪問していましたが、この自己紹介をすると、雰囲気が和《なご》んで、話や商談がスムーズに行くことが多かったです。取引先には「明るい方で良かったです」と言ってもらえたこともありました。

本書をお読みの方の中には「少しふざけていないか？」と思われる方もいるかもしれませんが、私はこのような自己紹介をしてマイナスなことを言われたことは今までありません。ただし、不手際や不祥事などがあり、謝罪をしに行く場面では、このような自己紹介は避けたほうがいいでしょう。

名刺にちょっとした工夫をする

名刺を工夫してみると会話のきっかけになるのでおすすめです。

「青木だったら青色の名刺」「石川だったら石のイラストを描いてみる」など。また、好きな食べ物や趣味などを書いてみるのもアリでしょう。相手との会話が一気に膨らむこと間違いなしです。

他にも顔写真などを入れると他人と差別化でき、記憶に残りやすくなります。

顔と名前の記憶法のまとめ

顔と名前に関連性を持たせると記憶できる

相手の名前を覚える

第一印象＋名前からイメージを連想して記憶する

会話や体験からその人のエピソードを作るとより記憶できる

自分の名前を相手に覚えてもらう

自己紹介にひとひねり加える

見た目、服装や持ち物と名前を結びつける工夫をする

名刺を工夫して会話のきっかけを作る

8章

記憶術を日常生活に生かしてみよう

記憶術はさまざまな場面で効果絶大！

7章まではは記憶術の基礎をみなさんに身につけていただきました。

8章以降は、記憶術をどのように日常生活に生かしていくのかという応用編に入ります。ここまでの内容で不安のある方は、一度戻って確認してみてください。

複雑なパスワードを覚えてみよう

日常生活で多くの方が苦労する**英数字混じりのパスワードの記憶方法**を紹介します。

数字とアルファベットが混ざっていても記憶方法はまったく同じです。数字10個の変換表（113ページ）とアルファベット26個の変換表（124ページ）を使って記憶します。

【例題】

Y	M	H	5	2

今回は数が少ないので、ストーリー法で記憶します。

【お話の例】

「ヨーグルト（Y）」の中に「薬（M）」を落としてしまったので、「手（H）」で薬を取ろうとしたら、なぜかヨーグルトの中から「ゴリラ（5）」と「にんじん（2）」が出てきた。

数字とアルファベットが混ざるので、イメージの数が増えて少し大変ですが、基本的に数字記憶法やアルファベット記憶法と同じです。数字とアルファベットを**具体的なものに置き換えて、それをストーリー法や場所法で記憶する**という方法です。

次の練習問題を通して、トレーニングして慣れてしまいましょう。

【練習問題1】

Y	3	H	L	1

【解答】

ストーリー記入欄

タイム

1回目	2回目	3回目	4回目	5回目

【練習問題2】

Y	3	H	L	D	2	G

【解答】

場所記入欄

タイム

1回目	2回目	3回目	4回目	5回目

【練習問題3】

Y	3	H	L	D	2	G	J	0	7

【解答】

場所記入欄

タイム

1回目	2回目	3回目	4回目	5回目

「ストーリー法」「場所法」「数字記憶法」「アルファベット記憶法」を複合して使えるようになると、パスワードなどが簡単に記憶できるようになります。他にも飛行機や新幹線の座席番号や便名、パスポート番号などの記憶もラクにできるようになります。ぜひ、日常生活に活用してみてください。

英単語を「簡単に覚える」法

多くの方が暗記に苦労するのが英単語です。そして、多くの方から「記憶術を英単語に生かしたい。どのように記憶したらいいか？」という質問を受けます。

なぜみなさんは英単語の記憶に苦労するのでしょうか？

それは「顔と名前の記憶法」と同じように**日本語訳と英単語に関係性がないから**です。また、覚える英単語の数が非常に多いからです。一般に大学受験で必要だとされている英単語数は7000個と言われています。

今回は多くの方が苦労する英単語の記憶法をご紹介します。英単語の記憶法は次の4ステップです。

番号	英単語	日本語
1	candidate	候補者
2	brisk	生き生きとした
3	enhance	高める
4	compliment	褒め言葉

Step1　日本語の意味を場所に置く

今回、上図の英単語を覚えていきます。

多くの方がやりがちな記憶方法が、声に出して英語と日本語を読み上げたり、スペルを何度も書いて覚えようとしがちです。

記憶術を使った英単語の記憶法ではみなさんが行ってきた暗記の仕方ではなく、**少し異なった記憶方法**をしていきます。

まずはＳｔｅｐ１として、日本語の意味だけを場所法を使って記憶します。上図の単語の場合は、「候補者」「生き生きとした」「高める」「褒め言葉」を記憶していきます。

英単語を覚えなくてはいけないのに、日

本語訳しか覚えないので、不思議に思われるかもしれませんが、このあと英単語も登場するので心配無用です。

今回の例では4つしか掲載していませんが、もし英単語テストで20個覚えなければいけない時は20個の日本語の意味を場所法で記憶しましょう。

場所をたどって日本語が確実に思い出せるようになったら、Step2に進みます。

Step2 英単語と日本語の意味を連結させる

「candidate」という単語を例に説明していきます。「candidate」という単語は「候補者」という意味です。日本語の「候補者」という意味と「candidate」という英単語に関係性がないので、ストーリーを作って**無理やり日本語の意味と英単語を結びつける**ことが必要です。

方法は、「candidate」から「candle（キャンドル）」と「date（日）」という単語の特徴的な部分を抜き出しイメージします。そして「候補者」という意味と連結させると、「キャンドルの日を制定することを公約に掲げている候補者」というイメージができあがります。

このようなイメージにならなくても、「キャンディーを配って演説する候補者」などというイメージでもいいでしょう。自分が覚えやすいイメージであれば、何でも構いません。

それでは他の単語でイメージを作っていきましょう。

ストーリー例を紹介するので参考にしてみてください。

【ストーリー例】

番号	英単語	日本語	イメージ例
1	candidate	候補者	キャンドルの日を制定することを公約に掲げている**候補者**
2	brisk	生き生きとした	**生き生きとした**鰤《ぶり》を網ですくう
3	enhance	高める	円にハンコを押して円の価値を**高める**
4	compliment	褒め言葉	**褒め言葉**と合わせて、昆布をプレゼントする

brisk は「brisk《ブリスク》」から「鰤をすくう」というイメージをし、意味の「生き生きとした」というイメージを合わせて「生き生きとした鰤を網ですくう」というイメージを作りました。

enhance は「enhance《エンハンス》」から「円とハンコ」を作り、「高める」という意味から「円にハンコを押して円の価値を高める」というイメージを作りました。

compliment は「compliment《コンプリメント》」から「昆布」をイメージします。「褒め言葉」という意味から「褒め言葉と合わせて、昆布をプレゼントする」というイメージを作りました。

ここまでがStep2でした。ここからはStep3に進みます。

Step3 イメージを場所に置く

Step2で作ったイメージをStep1で日本語の意味を置いた場所に置いていきましょう。4章で作った**ルートとプレイスを活用するといい**でしょう。

場所の例を使って説明していきます。

「キャンドルの日を制定することを公約に掲げている候補者」を家のドアに置き、「生き生きとした鰤を網ですくう」という様子を玄関に置きます。洗面台で「円にハンコを押して円の価値を高める」、トイレで「褒め言葉と合わせて、昆布をプレゼントする」を想像してみます。

基本的に記憶法はこれで完了です。

ここでプレイスに置く理由は、復習ができるからです。プレイスに置くことで、頭の中で各プレイスに何のイメージを置いたのかを確かめることで日本語と英単語が頭に入っているのか、確認ができるようになります。

これは電車の中やお風呂に入っている時など、他のことをしながらでも**脳内にあるプレイスをたどるだけで確認（アウトプット）**ができてしまうのです。アウトプットすることで、どの単語が覚えられていて、どの単語が覚えられていないのかがはっきりし、覚えられていない単語が明確になり、記憶により残りやすくなります。

ひとつ目のドアには、どんなイメージを置いたか想像してみると、「キャンドルの日を制定することを公約に掲げている候補者」が浮かび、「候補者」というキーワードか

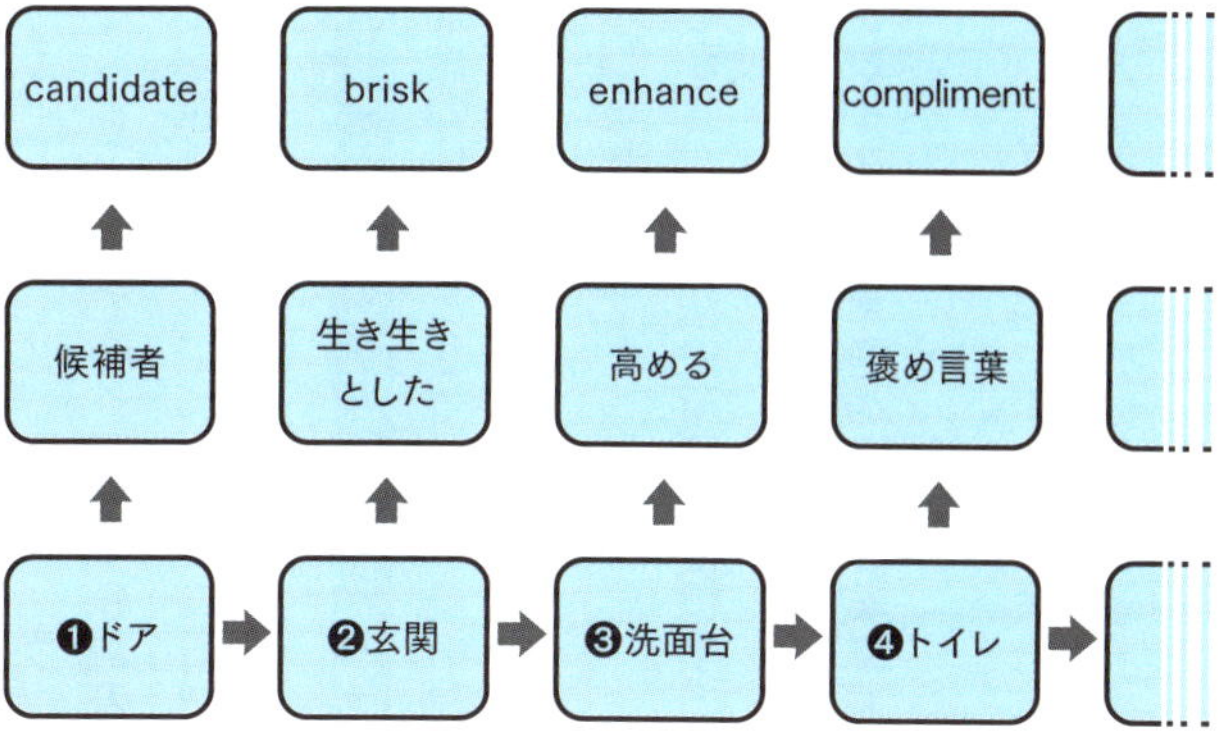

ら「候補者→キャンドルの日→candidate」というイメージが出ればOKです。

次に2つ目の玄関のプレイスに行き、「生き生きとした鰤を網ですくう」イメージが出て、「生き生きとした→鰤をすくう→brisk」が出れば完了です。

このように、覚えたい英単語をどんどんプレイスに置いていきましょう。

英単語を置いたすべてのプレイスから「プレイス→日本語の意味→英単語」という流れがスムーズに出てくるようになるまで、何度もくり返します。イメージによっては綺麗にこの順序にならない場合もありますが、目的は日本語の意味と英語を結びつけることなので問題ありません。
ここまでできていれば**8～9割の英単語の記憶は終了**しています。学校の小テストや定期試験レベルであれば、これだけやっていれば乗り切れると思います。

Step4　英単語を見て日本語が出るか確認をする

最後の仕上げとして、英単語を見て日本語が出るか確認をします。

ほとんどの方は英単語を覚える際に、単語帳を見て日本語の意味を考えるという方が多いと思います。

しかし、場所法で単語を記憶する場合は、

「**プレイス↓日本語の意味↓英単語**」


という逆の経路で思い出すことになります。

一方通行のやり方で覚えるよりも両方向から覚えたほうが脳はよく働き、記憶が強化されます。

また、英作文などでは、日本語で考えて英語で文章を書くということをしなくてはなりません。そのため、この記憶法は**英作文力強化にも非常に役立ちます**。

基本的に「日本語の意味↓英語」ができていれば、日本語の意味と英語の連結はできているので、頭には入っています。

しかし、「日本語の意味↓英語」「英語↓日本語の意味」の両方から記憶したほうがよりスムーズに使えるようになるので、「英語↓日本語の意味」という流れも行うことをおすすめします。

具体的な方法は、「覚えた範囲の単語の日本語訳を隠して、その意味が出てくるか確認する」「英単語のみを抜き出し、小テストのような形で確認する」などです。

それでは実際に練習してみましょう。

【練習】

日本語の意味のみを10個プレイスに置いて記憶しましょう。次に日本語の意味と英単語でストーリーを作ります。そのあと、ストーリーのイメージを場所に置きます。最後に場所をたどってすべての英語が出てくるか確認をしましょう。

番号	英単語	日本語	イメージ
1	sincerely	誠実に	
2	tribe	部族	
3	cough	咳をする	
4	deviate	それる	
5	forgive	免除する	
6	ample	豊富な	

7	neat	きちんとした	
8	approve	承認する	
9	motion	動き	
10	chronic	慢性的な	

以下の日本語を埋めてみましょう。

英単語	日本語	英単語	日本語	英単語	日本語
cough		ample		forgive	
deviate		chronic		approve	
deviate		tribe		sincerely	
forgive		motion		neat	

【イメージ例】

番号	英単語	日本語	イメージ例
1	sincerely	誠実に	紳士は誠実に対応してくれる
2	tribe	部族	トラがクリスマスイブには部族になる
3	cough	咳をする	古風な女性が咳をする
4	deviate	それる	デブが食べすぎて（ate）道をそれてしまった
5	forgive	免除する	4回ギブアップしたら免除された
6	ample	豊富な	アンプが豊富だ
7	neat	きちんとした	ニートなのにきちんとしている
8	approve	承認する	りんご（アップル）を老婆に持っていったら承認された
9	motion	動き	牛がモーと鳴きながら、しょんべんをする動きをした
10	chronic	慢性的な	黒い肉を慢性的に食べたくなる

場所法なら、忘れても、すぐ思い出せる！

ちなみに、場所法は学校のテストなどでどうしても思い出せない時にも非常に役立ちます。場所に置いていない場合は、何の手がかりもなく思い出さなくてはならないため、思い出せない可能性が高いです。

しかし、テスト範囲の英単語を場所に置いてすべて覚えている場合は、**必ず自分の置いた場所の中に答えがあります**。ルートをたどってまだ答えを書いていないプレイスがあったら、そこのイメージは何であったか確認するだけで思い出すことができます。

私の運営するスクールに通う中高生が、学校の英単語テストなどで毎回満点を取ることができるのは、忘れてしまっても思い出す方法を知っているからなのです。

「英単語を2000個覚える」には？

「英単語を2000個覚えるためには、それだけの数のプレイスが必要ですか？」という質問を受けます。

英単語2000個を覚えるために、2000個のプレイスが必要なのかというと、必ずしもそういうわけではありません。

すべての英単語に対してこの方法で記憶すると時間がかかるので、苦手な英単語を覚える時、数は少ないけど確実に記憶しなくてはいけない時などにこの方法を使うと、より効率よく暗記できます。

また、英単語は、基本的に「英単語→日本語の意味」「日本語の意味→英単語」という流れで覚えます。

場所に置くことは英単語などの学習に生かす場合、一時的に順番通り保管庫にしまうようなものです。保管している間に、プレイスの順番通りに「日本語の意味→英単語」という流れで漏れなく確認を行い、記憶を定着させましょう。

英単語と日本語の意味を結びつけることが目的なので、**結びつけが定着したら、もうプレイスから思い出す必要はありません**。そのプレイスは開放しましょう。

次に記憶する英単語を今まで使っていたプレイスに置いていきましょう。はじめはゴーストが残っているかもしれませんが、次第に消えてなくなります。

しかし、一時的に覚える英単語の数が多い場合は、それだけのプレイスを用意する必要があります。

今回、4章「場所法」の例題で使用した場所と練習問題でみなさんに作っていただいた場所は「5ルート65プレイス」あります。そのため、65個の英単語を記憶することが可能です。ほとんどの方は65プレイスあれば事足りるかと思います。

もし、どうしても足りない場合は、場所作りをしてルートとプレイス数を増やしてみてください。

記憶術の応用のまとめ

- 数字とアルファベットが混ざったものは置き換えて覚える
- 英単語は以下の4ステップで覚える

Step1 日本語の意味を場所に置く

Step2 英単語と日本語の意味を連結させる

Step3 イメージを場所に置く

Step4 英単語を見て日本語が出るか確認をする

- 記憶したらプレイスは開放する

9
章

使いこなせれば反則級!?「教科書記憶法」

勉強、試験に超役立つ記憶法がこれ！

「教科書記憶法」で効率のいい学習をしよう！

おそらくこの本を読まれている多くの方が学生時代、試験勉強で社会や理科の暗記テストなどに苦労されたと思います。6章までの内容を身につけると**教科書の内容まで記憶できるようになります**。

教科書を記憶すると言っても、一言一句すべて記憶するわけではありません。工程は少し複雑になりますが、8章で行った英数字混じりのパスワード記憶法と同様です。

教科書記憶法は単純暗記ではなく内容を理解したり、背景を知る必要があるため、読み込みと理解が必要です。

教科書記憶法の大まかな流れを紹介します。

1章で「記憶＝インプット＋アウトプット」という説明をしました。7章まで様々な記憶法や実践を通して記憶術を学んでいただきました。これらの内容は、インプットを伸ばす技術でした。

しかし、勉強などに生かすにはじつはインプットよりもアウトプットのほうが大切です。というより、**インプットした内容をアウトプットしてはじめて生きる**と言ったほうが正確かもしれません。インプットが疎《おろそ》かな状態だとアウトプットも疎かになってしまうからです。

覚える内容や難易度、どのくらいの精度で覚えなくてはならないかにも多少左右されますが、「インプット1：アウトプット3」ぐらいの割合でできると効率よく定着します。

多くの学生が「試験勉強で教科書に蛍光マーカーで色を塗り、何度も読み返す」「授業内容をノートに綺麗にカラーペンを使ってまとめる」という間違った勉強法をして、「たくさん勉強したのにあまり良い点数が取れません」などと言います。

本書を読んだ方は、**今日からそのような非効率な勉強法はやめて、今から紹介する方法を実践していただければと思います**。

本章の後半には練習問題として、実際の教科書から文章を用意し、定期テストなどで出題されそうな問題を作りました。

しっかりと練習をして定期テストに臨んでいただければと思います。

それでは前置きが少し長くなりましたが、始めていきましょう。

「教科書記憶法」2つのステップ

まずは左図の教科書記憶法の全体の流れをみてください。

教科書記憶法はインプットパートとアウトプットパートに分けることができます。インプットでしっかりと頭に入れたあと、インプットの3倍くらいアウトプットすることで、長期記憶化します。

教科書記憶法の流れ

インプット1

❶教科書を読んでしっかりと理解をする

❷キーワードを抜き出す

※文章で抜き出さないよう注意する

❸抜き出した単語をすべて記憶する

A ページ記憶法

使用する記憶術　数字記憶法、ストーリー法

B 場所法

使用する記憶術　場所法、ストーリー法（1プレイスに複数キーワードを置く場合）

アウトプット3

❹キーワードを思い出す

➡思い出せない時は❶に戻って記憶し直す

❺キーワードから教科書の内容を復元する

➡ **C** 復元できない場合はキーワードが不足している（❷に戻る）

D 教科書の内容を理解できていない（❶に戻る）

+α 友達や家族、先生に説明してみる
ワークやドリル、参考書を解く

「教科書記憶法」で、やってはいけないこと

NG

内容を理解しているのに、
何度も教科書を読む

↓

インプットの作業を
くり返しているだけ

ノートを綺麗にまとめる

↓

ノートを綺麗に作ることが目的になり
作業になってしまう

教科書を写す

↓

写すことが目的になり
作業になってしまう

インプット

それでは、インプットの部分を説明しましょう。

先ほども説明したように、インプットがしっかりできていないと、後半のアウトプットの部分でつまずいてしまいます。でも、みなさんは7章まで様々な記憶術を理解しある程度身につけていただいたと思います。

今回説明する上で具体例を示しながら、説明したほうがわかりやすいと思います。

時代や学校によって多少内容は違うかもしれませんが、みなさんが義務教育において、人生で一度は習う中学校の歴史の内容で実際のやり方を見ていきたいと思います。

【例題】

「人類の出現と進化」

人類の出現（22ページ）

現在知られている最も古い人類は、今から約700万年から600万年前に**アフリカ**に現れた**猿人**で、このときにはすでに、後ろあし（足）で立って歩いていたと考えられています。立って歩くことで、大きな脳を支えられるようになり、また、自由に使えるようになった前あし（手）で道具を使用することを通じて、次第に知能が発達していきました。

今から250万年ほど前から、地球は寒冷化し（氷河時代）、陸地の約3分の1が氷におおわれるような時期（氷期）と、比較的暖かい時期（間氷期）とがくり返されました。その間にも人類は少しずつ進化していき、石を打ち欠いてするどい刃を持つ**打製石器**を作り始め、これを使って、動物をとらえて食べたり、猛獣から身を守ったりするようになりました。

今から200万年ほど前に現れた原人は、やがて**火や言葉**を使うこともできるようになりました。今から20万年ほど前には、アフリカで現在の人類の直接の祖先に当たる**新人（ホモ・サピエンス）**が現れ、世界中に広がりました。

狩りや採集を行って移動しながら生活し、打製石器を使っていた時代を**旧石器時代**といい、1万年ほど前まで続きました。（23ページ）

新石器時代

今から1万年ほど前に、気温が上がり始めると、食料になる木の実が増えました。また弓と矢を発明したことで、小形で動きの素速い動物をとらえることができるようになりました。こうして人々は、木の実や、魚、貝、動物をとって食料にしていましたが、やがて麦やあわ、稲を栽培し、牛や羊などの家畜を飼う所も現れました。このころ**土器**が発明され、食物を煮ることができるようになりました。また、木を切ったり、加工したりしやすいように、表面をみがいた**磨製石器**も作られるようになりました。このように、土器や磨製石器を使い、農耕や牧畜を始めた時代を、**新石器時代**といいます。

『新編 新しい社会　歴史』(東京書籍)

①教科書を読んでしっかりと理解をする

まず勉強は内容を理解しないことには始まりません。記憶する前に覚えたい範囲の教科書の内容を完璧に理解しましょう。

高校受験や大学受験、その他の試験などでは、ほとんどの試験範囲が教科書やテキストに載っている内容です。教科書の内容を網羅的に理解し、覚えてしまえば受からない試験はないと言っても過言ではありません。教科書の内容でわからない部分があったら調べて、わかる人や先生に聞いてしっかりと理解しましょう。

実際の教科書には、写真や挿絵が入ってわかりやすく作られていますが、もし「打製石器」という言葉を見て想像がつかない場合は、インターネットや本で調べてみてイメージできるようにしましょう。

22ページ

アフリカ	猿人	打製石器
原人	火や言葉	新人 （ホモ・サピエンス）

23ページ

旧石器時代	土器	磨製石器	新石器時代

②キーワードを抜き出す

覚えたい範囲の教科書の内容を読んで内容を理解したら、どの言葉がキーワードなのか見えてくると思います。キーワードと思われる言葉に丸をつけたり、蛍光マーカーなどで色を塗りましょう。

この時に文章を抜き出さず、**できる限り単語で抜き出す**ようにしましょう。また抜き出す単語が多すぎるとこのあとの③で記憶することが大変になってしまいます。

ひとつの例として上図の言葉を参考にしてみてください。

今回は「旧石器時代」というキーワードを23ページのほうに入れていますが、内容としては22ページとリンクします。

ページの途中で文章が変わってしまう場合や、どうしてもひとつの単元が中途半端になってしまう場合は、無理やり前のページとして抜き出さなくても構いません。どのページと一緒に覚えるかが大切なのではなく、しっかりとキーワードを覚えることが大切なので、フレキシブルに対応していきましょう。

③抜き出した単語をすべて記憶する

②で抜き出したキーワードを覚える方法は2通りあります。ページ記憶法と場所法です。

ページ記憶法と場所法にはそれぞれメリット・デメリットがあるため、両方使ってみて自分に合ったほうを使ってください。

ページ記憶法

ページ記憶法は、ページに書いてある**数字と抜き出した単語を関連させて覚える**方法です。

ここで使用するテクニックは「ストーリー法」と「数字記憶法」です。これは、ページの数字を起点にしてストーリーを作っていく方法です。

【例】数字「22」のイメージ

1桁1イメージ法の場合は、「2．にんじん」というイメージなので、22で2本のにんじんをイメージしましょう（113ページの変換表を参照）。

そして22ページで「アフリカ」「猿人」「打製石器」「原人」「火や言葉」「新人（ホモ・サピエンス）」という単語を抜き出したので、ストーリー法を使って記憶していきます。

2本のにんじん（22）を持って、サバンナ（アフリカ）を旅していると、猿（猿人）に会った。猿なので、ダサい石の斧（打製石器）を持って原　辰徳（原人）氏と戦っていた。そこに火の玉（火）と「やめろ！」という声（言葉）が聞こえてそちらを見ると、ホモの新入社員（新人・ホモサピエンス）が立っていた。

ストーリー作りには正解はなく、みなさんが好きなように自分の覚えやすいストーリーを作っていただいて構いません。

しかし、**イメージしやすいことを意識してストーリーを作る**と記憶に残りやすくなります。

ページ記憶法のメリットは、ルートやプレイスが足りない場合でもストーリー法だけ知っていれば、記憶することが可能だということです。

デメリットは、ひとつのページで記憶することが多くなればなるほどストーリーが非常に長くなり、ストーリー作りが大変になること、また途中で単語が抜けやすくなることです。

場所法

次に場所法で記憶する場合を紹介します。

今回は4章で紹介した、1つのプレイスに2つの単語を置くという方法（2 in 1メソッド）で行いたいと思います。

❶ドア

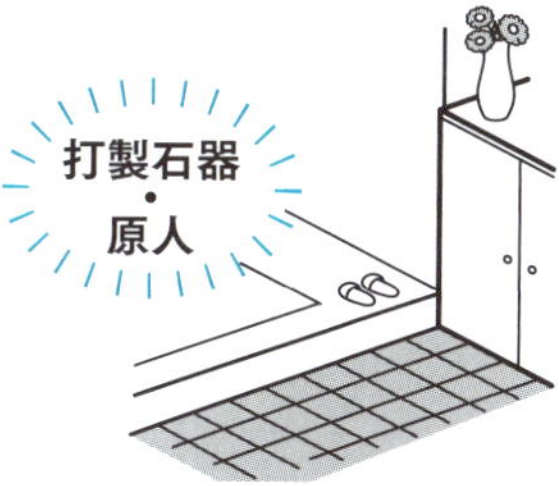

❷玄関

❸洗面台

4章のルート（91ページ図、98ページ表参照）を元に行うと、ドア→玄関→洗面台という順番になります。すると前ページ図のように単語を置くことができます。

単語をイメージに変えて場所に置くことができれば完了です。

場所法のメリットは速い速度で記憶できること、場所を選ばずすべての単語を確実にたどれることです。デメリットはルートとプレイスを用意しなければいけないことです。

場所法初心者で、ルートやプレイスが少ない方はページ記憶法のほうがいいかもしれません。

ここで練習問題を出したいと思います。

【練習問題1】以下の単語を、ストーリー法を使用して、記憶してください。

旧石器時代
土器
磨製石器
新石器時代

ストーリーを作ってみよう！

【練習問題2】以下の単語を、場所法を使用して、記憶してください。

旧石器時代

土器

磨製石器

新石器時代

置いたもののイメージ記入欄

実際に覚えてみていかがでしたか？

やってみると実感が湧き、「ページ記憶法」と「場所法」どちらでもできることを感じていただけたと思います。

アウトプット

③のインプットまでできたら、次にアウトプットを行います。ここからはインプットがどのくらいできているのかが、はっきりする部分です。**アウトプットで確実に記憶を定着させていきます**。

④キーワードを思い出す

③で記憶したキーワードだけを思い出しましょう。ここからは「ページ記憶法」「場所法」で、キーワードの思い出し方が多少異なります。しかし、どちらも難しくはないので、両方確認してみましょう。

ページ記憶法で記憶した場合

22ページは22（2本のにんじん）、23ページは23（にんじんとサンダル）のストーリーを元に単語（22ページは6つ、23ページは4つ）が書き出せるか確認してみましょう。

22ページ

23ページ

場所法で記憶した場合

各プレイスをたどり、記憶した単語が出てくるか確認してみましょう。

ページ	番号	プレイス	単語
22	1	ドア	
	2	玄関	
	3	洗面台	
23	4	トイレ	
	5	お風呂	

ページ記憶法、場所法どちらの方法でも構いませんが、もしここで10個の単語を思い出すことができない場合は③に戻り記憶しなおしましょう。

⑤キーワードから教科書の内容を復元する

22、23ページのキーワードをすべて記憶し、正確に思い出すことができたら、そのキーワードから、教科書の内容がおおよそどのような内容であったか説明してみましよう。
今回抜き出したキーワードはこちらです。

22ページのキーワード

「アフリカ」「猿人」「打製石器」「原人」
「火や言葉」「新人（ホモ・サピエンス）」

23ページのキーワード

「旧石器時代」「土器」「磨製石器」「新石器時代」

【説明例】

アフリカに猿人が現れて、やがて打製石器を使うようになりました。その後原人に進化し、火や言葉まで使うようになりました。その後人類はさらに進化し、新人（ホモ・サピエンス）になりました。打製石器を使っていたような時代を旧石器時代と呼びます。

その後人類はさらなる進化をとげ、土器を使って食べ物を煮て調理したり、石を砕いた石器のようなものだけではなく、石を削ったり、磨いて作られた磨製石器を使うようになりました。そのような時代を新石器時代と呼びます。

先ほどの教科書の内容ほど長く丁寧な文章ではありませんが、全体の内容を簡潔に説明できていると思います。うまく内容を復元できない場合は、2つの原因が考えられます。

1つは「**キーワードが不足**しているか、**抜き出すキーワードが間違っている**場合」

が考えられます。そのような状況に陥った場合は、②に戻って覚えるキーワードを追加・再考しましょう。

もう1つは、抜き出すキーワードは正しいが、「**教科書の内容を理解できていない**」です。その場合は①に戻り、再度教科書を読み理解しましょう。

たとえば、前ページの説明例で「土器」という単語を抜き出して記憶し、思い出すことができても土器が何のために使用するものかということを理解していない場合は、ただ「土器」という単語だけが残ってしまい、うまく説明できません。

教科書には土器は調理や食べ物の保存に使用していたということが書かれています。より詳しく調べたい場合は資料集やインターネット、辞書などを使用してみるとより理解が深まるでしょう。

教科書の内容がうまく復元できない場合でも、焦る必要はまったくありません。何でもはじめはうまくいかないものです。

また、記憶は「どこが記憶できていないのか」を自分で気づいた時により定着します。前述の例のように「土器を何のために使用するのかわからない」ということに気づくと、自分の弱点を発見することになり、意識的に理解しようとします。そうすると、より一層記憶に残りやすくなるのです。

ここまでできればほとんど完成です。

学生の方であれば、学校の中間試験や期末試験対策として副教材や場合によっては過去問などがあると思います。＋αとして、ワークなどを解いておくと、より理解が深まり、知識がプラスされて効果的です。

社会人の方が資格試験を受ける場合も、過去問題集や想定問題集などを購入して解いておくと、問題の傾向や背景知識が身につくので非常におすすめです。

反対に、**やってはいけない勉強法**があります。特に以下の3つは、やりがちな勉強法なので、本書を読んだ方は二度とやらないように注意しましょう。

- 教科書を何度も読むこと
- ノートを綺麗にまとめること
- 教科書を丸写しすること

1つ目の「教科書を何度も読むこと」がなぜいけないかというと、教科書を読むという行為はインプットすることだからです。

教科書を読むことは重要ですが、一度しっかりと理解してしまえばその行為はそれ以上必要ありません。理解していない部分がわかった時に確認する程度です。自分はどこを覚えていて、どこを覚えていないのかということをわからないまま、ただ闇雲に教科書を読んでも時間がかかり、非常に効率が悪いです。

2つ目の「ノートを綺麗にまとめること」も学生に多い印象です。特に真面目な学生は、色ペンを使って非常に綺麗な字で見やすくまとめています。綺麗にまとめることは内容を整理することには優れていますが、色までつけていると非常に効率が悪く、時間がかかります。

3つ目の「教科書を丸写しすること」もノートを綺麗にまとめる以上にまったく意味がありません。ただ教科書に書いてある内容を写す作業になってしまいます。

私が高校生時代、世界史の先生は、次回の授業までに今日の授業範囲の教科書内容を丸写ししてくるようにと宿題を出したことがありました。時間もかかり、ただ手が疲れただけで、まったく記憶に残らない無意味な宿題でした。
これら3つの方法がおすすめできない理由は、すべてインプット部分にあります。内容のキーワードを覚えるために記憶するのではなく、**どれもただこなすことが目的になりやすく、作業になりやすい**からです。作業になるとやった気にはなりますが、あまり頭は働いていない状態になります。

反対にワークや問題集を解くことが重要な理由は、別の視点からアウトプットができるからです。普段から意識している方は少ないと思いますが、試験やテスト、入試などはすべてアウトプットする力がどのくらいあるのかということを図っています。そのため、本番の試験と同じようにアウトプットすることが一番大切なのです。

7章までにみなさんにはアウトプットする力を上げていただきましたが、勉強の場合は**インプットを極力早く正確に終わらせ、アウトプットに時間をかけることが大切**です。

本章でも説明しましたが、「インプット1：アウトプット3」くらいの割合で行うと効果的です。内容を完璧に覚える必要がある場合は、「1：4」くらいでもいいかもしれません。

基本的なストーリー法・場所法・数字記憶法などを理解し、ある程度できるようになり、8、9章でやり方を知っておくと非常に有効で他者と学習面で大きな差をつけることができます。

また、ストーリー法や場所法などを知っていても実際にどのように生かすのかをわからない方が多いため、今回ひとつの章として取り上げました。

ぜひ、実際の学校の試験や資格試験に活用してください。

教科書記憶法から得られる驚きの効果

私が経営するスクールでも今回ご紹介した教科書記憶法を授業のカリキュラムに加えています。

ある程度、基本の記憶術を身につけた上でこのやり方を行ったところ、**定期テストや小テストでは生徒全員が満点を取れるようになりました**。それは期待通りだったのですが、それ以外に国語の読解力が伸びたという声も聞きました。

小学5年生の女の子は毎回、国語の文章の読み取り問題が苦手でなかなか良い点が取れませんでしたが、教科書記憶法を身につけると文章のどこの部分が大切か意識しながら読み取る癖がつき、一度読むと文章の要点を掴むことができるようになり、劇的に国語の点数が上がりました。

作文でも起承転結などを意識して書けるようになり、作文コンクールでは賞をもらうなど、私も想像していなかった効果を得ています。

記憶力を高めることが読解力や文章力も上げることに間接的につながることを実感しているので、この方法をぜひみなさんにもやっていただきたいと思います。

教科書記憶法のまとめ

Step1 教科書を読んでしっかりと理解をする

Step2 キーワードを抜き出す（できるだけ単語で抜き出す）

Step3 抜き出した単語をすべて記憶する（ページ記憶法または場所法）

Step4 キーワードを思い出す

Step5 キーワードから教科書の内容を復元する

- うまくアウトプットできない場合は「キーワード不足」「抜き出すキーワードが間違っている」「教科書の内容を理解できていない」ことが考えられる
- 間違った勉強法は「教科書を何度も読む」「ノートを綺麗にまとめる」「教科書を丸写しする」こと
- 教科書記憶法で読解力や文章力も上げられる

おまけ

おすすめの記憶力アップ法「トランプ記憶」

トランプ記憶
——52枚のカードを記憶する方法

みなさんは「トランプ記憶」を知っていますか？

トランプ記憶とは、ジョーカーを除くトランプ52枚をシャッフルし、その順番を正確に覚えるという競技です。「スピードカード」と呼ぶこともあります。

ちなみに**メモリースポーツの花形競技**です。

トランプ記憶と聞くと「なんでトランプなんて覚えなきゃいけないの？」なんて思う方もいるかもしれません。

でも、それは、ゴルフをやっている人に「早朝から小さいボールなんて打って楽しいの？」、山登りが趣味の人に「山なんか登って楽しいの？」と聞くようなもので、覚えることが楽しいからやっているのです。やったことがある人にしかわかりませんが、できるようになると、**全部正解する爽快感や達成感がたまりません**。

それ以外にも、トランプ記憶にはメリットがたくさんあります。

メリット1　記憶力の基礎が身につく

トランプ記憶をやるだけで様々な記憶術の基礎を身につけることができます。

トランプという抽象的なものからイメージに変換する力やストーリーを作る力、場所に置く技術、記憶のスピード、精度などが劇的に向上します。トランプ52枚を2分で覚えることができるようになると、**キーワードを2分間で30〜50個くらいはラクに覚えられる**ようになります。記憶する方法は知っていても、それを高速で正確にやるのは至難の技ですが、トランプ記憶をやっていると知らず知らずのうちにその力が養われます。

メリット2　楽しいから続けられる

トランプ記憶の一番のメリットは**とにかく楽しい**ことです。特に冒頭でも述べましたが、52枚すべてを覚えられた時の爽快感はたまりません。X（旧Twitter）などで「トランプ記憶」と検索すると、たくさんの人がトランプ記憶をやっていることがわかります。

メリット3　練習しやすい

記憶力は筋力トレーニングと同じように、ある程度継続性を持って練習しないと低下してしまいます。記憶力のトレーニングを自分でやろうと思っても、単語を自分で準備したり表を作ったりすることは手間がかかります。しかし、トランプ記憶だったら、トランプ2セット（記憶用と解答用）があれば**場所を選ばずどこでもできます**。

私が会社員時代は出張先にもトランプ2セットを持って行き、毎朝ホテルで練習していました。どのような環境でも練習ができるというのも大きな魅力です。

メリット4　目標が立てやすい

数字や単語の記憶は上限がなくどこまでも青天井で量が増えていきます。しかし、トランプ記憶は52枚という制限があり、52枚を覚えることができるようになったら、あとは陸上の１００m走のようにタイムを縮めるのみです。最初は52枚を覚える、次は5分で覚える。それができたら3分……というように、やればやるほどどんどんタイムが縮まっていきます。成功するたびに嬉しさと爽快感を感じることができます。

タイムを目標にしてもいいですし、トランプ記憶をやっている人の中には初心者から世界レベルの方までいるので、選手の誰かを目標にしてもいいかもしれません。

メリット5　お金がかからない

トランプ2セットを買えばいいので、100円ショップで購入すれば200円（+税）です。他のスポーツのようにスパイクやボール、防具なども不要です。

メリット6　披露する場がある。特技にもなる！

トランプ記憶は他の記憶と比べてキャッチーです。トランプを知らない人はいませんし、できるようになったら、忘年会や合コンなどで披露してもいいかもしれません。

また「Speed Cards Challenge」というトランプ記憶だけの大会が、日本では2カ月に1回ほどのペースで関東圏を中心に開催されています。そのような大会に参加しても面白いでしょう。同じ趣味を持った仲間ができるかもしれません。大会に参加するしないにかかわらず、普段のトレーニングで磨いたトランプ記憶の技術をどこかで発表する機会があるというのも、トレーニングのモチベーションにもなります。

メリット7　年齢・性別・障害の有無はほとんど関係ない

これはトランプ記憶だけに限ったことではありませんが、メモリースポーツは子どもでも大人に勝つことは起きますし、女性が男性に勝つ、非健常者も手を使えて目でトランプを見ることができれば基本的に大会にも参加することが可能です。

他の競技ではこのようなことはなかなかないと思います。親子で同じ大会に参加することもできます。**親子三世代で大会に参加されている方**を見たことがあります。

などなど、メリットを挙げるとキリがありません。ここまで紹介してきた例題から練習問題まですべて終わってしまった方のために、今後も記憶力トレーニングを続けられるように、トランプ記憶の始め方についてご紹介します。

〈用意するもの〉

- トランプ2パック
- タイマー（時間を計測したい方）

トランプは100円ショップに売っているもので構いません。トランプの種類が選べる場合は、2つのトランプが混ざってしまってもすぐわかるように、赤と青など別の色のトランプを購入することをおすすめします。記憶する時間を測りたい方は、キッチンタイマーやストップウォッチなどを用意してください。

〈使用する記憶術〉

トランプの順番を覚える時に、トランプの色と数字（ハートの1など）を覚える必要がありますが、そのまま覚えるわけではありません。数字記憶法やアルファベット記憶法と同じように、具体的なイメージに置き換えて記憶しています。

数字記憶法は10個、アルファベット記憶法は26個のイメージがありましたが、トランプは4つのマーク×13個の数字の52個分のイメージを記憶する必要があります。アルファベット記憶法の倍の数を覚える必要があるので少し大変ですが、慣れると当たり前のようにできるようになります。

次のページに変換表をイラストつきで掲載します。

6 （む・ろ）	5 （こ・ご）	4 （し）	3 （さ・み）	2 （に）	1 （い）	
 ハム	 はごいた	 はし	 はさみ	 はにわ	 灰皿	ハート（は）
 ダム	 団子	 だし巻き たまご	 ダンサー	 ダニ	 たい焼き	ダイヤ（た・だ）
 スロット	 スコップ	 寿司	 炭火	 スニーカー	 すいか	スペード（す）
 黒豆	 くろごま	 くしかつ	 草	 国 （国旗）	 クイズ	クローバー（く）

13（き・ぎ）	12（きゅ）	11（り）	10（と・じ）	9（く）	8（は・や）	7（な）
 おはぎ	 白球	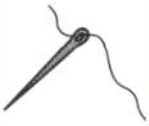 針	 鳩	 白鳥	 ハヤシライス	 花火
 たきび	 卓球	 ダリア	 タジン鍋	 たくあん巻き	 タッパー	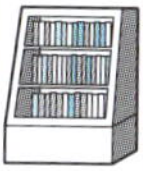 棚
 スキー	 スキューバ	 すりばち	 ストロー	 スクーター	 スーパーボール	 砂時計
 クッキー	 肉球	 くり	 くじ	 九九	 クッパ	 くない

トランプ記憶のイメージの作り方は、

「ハート（は）」「ダイヤ（た・だ）」「スペード（す）」「クローバー（く）」

「1（い）」「2（に）」「3（さ・み）」「4（し）」「5（こ・ご）」「6（ろ・む）」

「7（な）」「8（は・や）」「9（く）」「10（と・じ）」「11（り）」（11の右の1を伸ばすと「り」に見えるから）、「12（きゅ）」（Qはキューと読むから）、

「13（き・ぎ）」（Kはキングと読むため）

を組み合わせて作ります。

11～13まではかなり強引に作っています。イメージが合わない方は変更していただいて構いません。

トランプのイメージ52個の順番を覚えるには、場所法を使って覚えます。1プレイスにひとつのイメージを置く場合は52個のプレイスが必要ですが、**場所法のみで記憶が可能**です。おすすめは、1プレイスに2つのイメージを置く方法です。

26プレイスあれば記憶できますが、1プレイスに2つのイメージを置くため、2つのイメージの前後関係を覚えるためにストーリー法を使用します。

それでは、覚えるほうのトランプをよくシャッフルしましょう。いよいよトランプを覚えていきます。

〈トランプ52枚を記憶する方法〉

❶トランプを見る
❷単語に置き換える
❸イメージに変換
❹ストーリーを作る
❺プレイスに置く

という流れで記憶していきます。
それではひとつずつ見ていきましょう。

①トランプを見る

トランプを見ます（♥3・♠7）。

②単語に置き換える

♥3→はさみ・♠7→砂時計。

③イメージに変換

はさみ、砂時計のイメージ。

④ストーリーを作る

イメージでストーリーを作る。

「はさみが砂時計に切りかかる」

⑤プレイスに置く

プレイスに作ったイメージを置く。

1プレイス目がドアの時、ドアの前ではさみが砂時計に切りかかる。

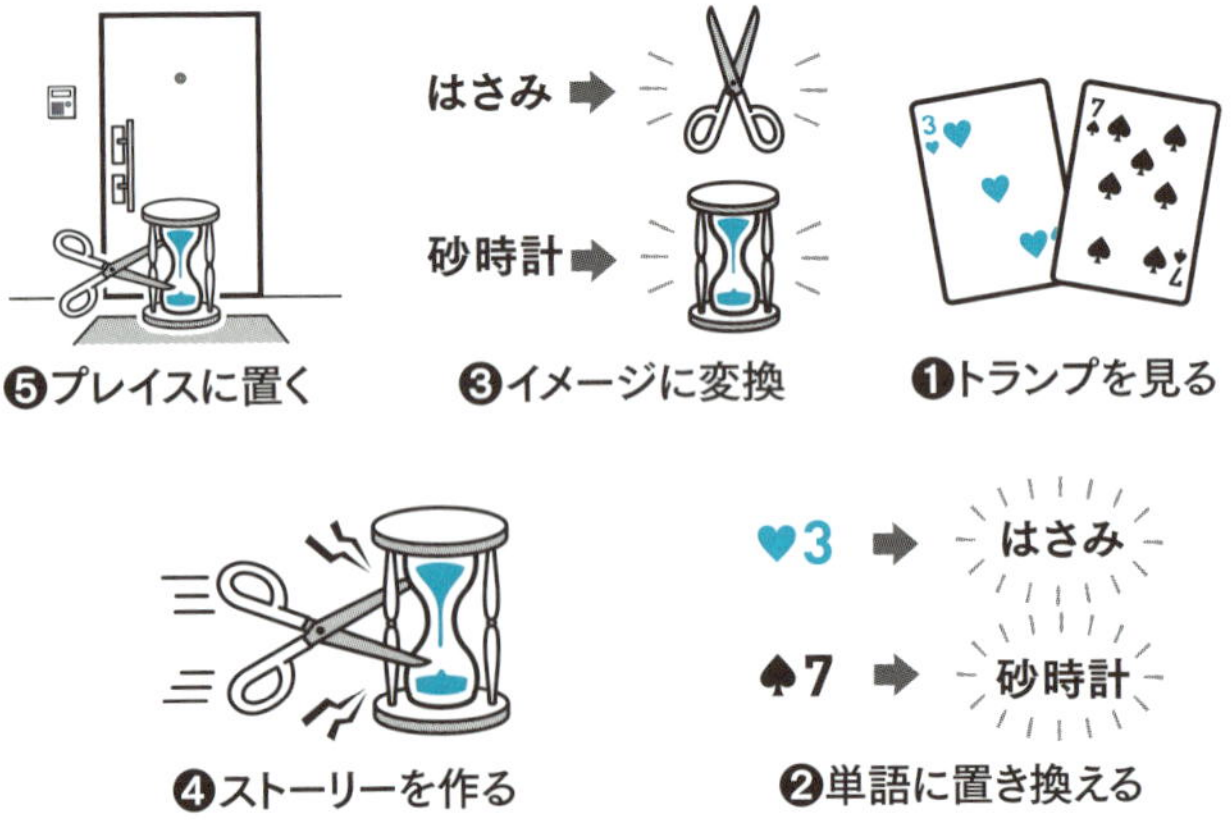

1プレイスでの記憶は終了です。

2プレイス目が玄関で次のトランプは「◆1→たい焼き・♠6→スロットマシーン」の場合は、「玄関でたい焼きがスロットマシーンを吐き出した」という風にイメージします。

このように26回各プレイスで行えば、52枚を記憶できます。

1プレイスで5つの工程もあると、大変に感じるかもしれませんが、**慣れてしまうと1プレイスあたり数秒でイメージができるようになります**。最初はトランプを見て、単語やイメージを出すことに苦労すると思いますが、練習あるのみです。

いきなり52枚覚えるのは大変なので、ひとつのマーク（ハート・ダイヤ・スペード・クローバー）の13枚ずつ練習することをおすすめします。

すべてのマークが記憶できるようになったら、2つのマークを混ぜて26枚で練習してみましょう。マークが変わると難しく感じると思いますが、やっていると少しずつ自分がレベルアップしていることを感じると思います。26枚の次は39枚、そして最終的に52枚覚えられるようになることを目指しましょう。

もし一気に13枚増やすことが大変だったら、少しずつ枚数を増やして挑戦してみてください。はじめはトランプのイメージ変換表を見ながらやっても構いません。

〈記憶した順番をもう1パックのトランプで再現する〉

記憶したトランプとは別のパックのトランプで先ほど覚えたトランプと同じ順番に並べていきます。

❶もう1組のトランプを取り出す
❷手元に横並びに広げる
❸脳内でひとつ目のプレイスを想像し、置いたイメージのトランプを選ぶ
❹残ったトランプから空いているプレイスに当てはめていく

という流れで解答していきます。

①もう1組のトランプを取り出す

覚えたトランプとは別のトランプ1組を取り出しましょう。解答用のトランプの順番は自由に並べていいので、自分の探しやすい順番に並べておきましょう。

②手元に横並びに広げる

色々な解答方法がありますが、すべてのカードを横に並べて解答するスタイルが一番早くておすすめです。

③脳内でひとつ目のプレイスを想像し、置いたイメージのトランプを選ぶ

1プレイス目から何のカードがあったか想像してみましょう。記憶の大会では制限時間が5分と短いので、わからないところは飛ばし、わかるところからどんどん答えを作っていきましょう。

④残ったトランプから空いているプレイスに当てはめていく

すべてのプレイスで綺麗にすべて思い出せることは稀だと思います。その時は残ったトランプを端から確認をして、どこに入るか考えてみましょう。最終的に記憶したトランプと同じ順番でトランプ1組の束ができていれば完成です。

トランプ記憶のまとめ

- 記憶力の基礎が身につく
- トランプ52枚を記憶する方法は「トランプを見る↓単語に置き換える↓イメージに変換↓ストーリーを作る↓プレイスに置く」
- 記憶した順番をもう1パックのトランプで再現し、アウトプットする

イラスト　木村勉
本文DTP　宇那木孝俊

本書は、総合法令出版より刊行された『記憶力日本チャンピオンの超効率 すごい記憶術』を、文庫収録にあたり、加筆・改筆・再編集のうえ、改題したものです。

知的生きかた文庫

大量《たいりょう》に覚《おぼ》えて、忘《わす》れない
すごい記《き》憶術《おくじゅつ》

著　者　　青木　健（あおき・たけろ）
発行者　　押鐘太陽
発行所　　株式会社三笠書房
〒102-0072　東京都千代田区飯田橋3-3-1
https://www.mikasashobo.co.jp
印　刷　　誠宏印刷
製　本　　若林製本工場

ISBN978-4-8379-8915-8 C0130

知的生きかた文庫

人生うまくいく人の感情リセット術

樺沢紫苑

この1冊で、世の中の「悩みの9割」が解決できる！　大人気の精神科医が教える、心がみるみる前向きになり、一瞬で「気持ち」を変えられる法。

されど日記で人生は変わる

今村　暁

時間はたったの1分、書くことはたったの5つ——それだけで、あなたの思考、習慣、行動が好転する！「能力開発」「習慣教育」のプロが教える、もっともシンプルかつ強力な「自己改革メソッド」。

仕事も人生もうまくいく整える力

枡野俊明

まずは「朝の時間」を整えて、体調をよくすることからはじめよう。シンプルだけど効果的——心、体、生活をすっきり、すこやかにする、98の禅的養生訓。

コクヨの結果を出すノート術

コクヨ株式会社

日本で一番ノートを売る会社のメソッド全公開！　アイデア、メモ、議事録、資料づくり……たった1分ですっきりまとまる「結果を出す」ノート100のコツ。

頭のいい説明「すぐできる」コツ

鶴野充茂

「大きな情報→小さな情報の順で説明する」「事実＋意見を基本形にする」など、仕事で確実に迅速に「人を動かす話し方」を多数紹介。ビジネスマン必読の1冊！

C50490